国家社会科学基金“十三五”规划2016年度教育学重大招标课题
（VIA160001）

高等教育强国之路研究

高等教育强国的内涵、标准、实现路径和监测指标研究

高等教育强国之路研究——高等教育强国的内涵、标准、实现路径和监测指标研究课题组　著

广东高等教育出版社
Guangdong Higher Education Press
·广州·

图书在版编目（CIP）数据

高等教育强国之路研究：高等教育强国的内涵、标准、实现路径和监测指标研究/高等教育强国之路研究：高等教育强国的内涵、标准、实现路径和监测指标研究课题组著. —广州：广东高等教育出版社，2022. 7

ISBN 978 -7 -5361 -7143 -5

Ⅰ. ①高…　Ⅱ. ①高…　Ⅲ. ①高等教育 - 研究 - 中国
Ⅳ. ①G649. 2

中国版本图书馆 CIP 数据核字（2021）第 214750 号

GAODENG JIAOYU QIANGGUO ZHI LU YANJIU：GAODENG JIAOYU QIANGGUO DE NEIHAN、BIAOZHUN、SHIXIAN LUJING HE JIANCE ZHIBIAO YANJIU

出版发行	广东高等教育出版社 地址：广州市天河区林和西横路 邮政编码：510500　电话：(020) 87554153 http://www. gdgjs. com. cn
印　刷	佛山市浩文彩色印刷有限公司
开　本	787 毫米×1 092 毫米　1/16
印　张	10. 25
字　数	190 千
版　次	2022 年 7 月第 1 版
印　次	2022 年 7 月第 1 次印刷
定　价	39. 00 元

课　题　组

总顾问： 周远清
总指导： 瞿振元

总课题组

总课题组负责人： 康　凯
总课题组协调人： 高晓杰
总课题组成员： 赵婷婷　张德祥　丁晓昌　刘国瑞
总课题组秘书： 魏晓艳　王怡倩

子课题组负责人及成员

“高等教育强国的内涵及标准研究”子课题组
负责人： 赵婷婷
成　员： 刘志林　田贵平　冯　磊　刘　芳

“高等教育强国的监测指标体系研究”子课题组
负责人： 丁晓昌
成　员： 吴立保　宋旭峰　戚　湧　胥桂宏
曹　辉　张吉勇　张婷姝　宋齐明

“高等教育强国的实现路径研究”子课题组
负责人： 张德祥　李枭鹰
成　员： 苏永建　解德渤　林　杰　牛军明　齐小鹍

编 委 会

我的高等教育强国情缘[①]
（代序）

周远清[②]

一、强化“三个意识”，建设高等教育强国

21 世纪前夕，我们提出了“把一个什么样的高等教育带到 21 世纪”的课题，引起了高等教育战线，特别是高等教育科学研究界的热烈讨论和广泛研究。我们的回答是，把一个规模效益、办学效益比较高，结构、布局、体制更加合理，教育教学质量更高、办学水平更高的高等教育带到 21 世纪。

在 1999 年这个跨世纪的前夕，许多国家的教育专家、学者，甚至一些国家的政要和领导人都纷纷发声，提出本国教育发展的目标、方向和思路，思想甚为活跃。改革开放以后，为适应社会主义市场经济的发展，我国教育战线上掀起了改革的高潮，并取得了巨大的成绩。大家也都在议论和研究 21 世纪中国高等教育会是个什么样。记得在 1999 年的一次教育国际论坛上，我曾提出“强化‘三个意识’，建设高等教育强国”，即强化国际意识，建设高等教育强国；强化素质意识，全面提高教育质量；强化改革意识，走出中国自己的教育发展之路。同年 8 月，我在《教学与教材研究》上发表了题为《强化“三个意识”建设高等教育强国》的文章。有学者认为自此开启了我国高等教育强国研究的历程。文章吸引了很多高教战线的学者对其进行研究，也引起了诸多实践工作者的深刻思考。

赵婷婷在一篇文章中指出：“在中国，‘高等教育强国’概念有其特定的产生和发展背景。最开始是学术界的提法，后来变成政策目标。与学术界很多‘拿来’的概念不同，‘高等教育强国’是完全从中国本土情境中生长出来的概念。”[③] 文中还指出：“对中国人来说，‘强国’这个词超越字面的

---

① 本文发表于 2020 年第 6 期的《中国高教研究》。有改动。

② 周远清，曾担任清华大学副校长，国家教育部副部长，中国高等教育学会会长，第四、第五届理事会会长。

③ 赵婷婷. 中国本土情境中的“高等教育强国”概念探析［J］. 高等教育研究，2019，40（6）：1－9.

特殊涵义，它与几个世纪以来中华民族的‘强国梦’紧密相连，因此‘高等教育强国’也蕴含着很强的中国本土社会文化特征。”① 这段分析非常深刻，说明为什么高教强国一经提出就具有很强的吸引力、凝聚力和号召力，唤起了民心。

余小波、范玉鹏在他们发表的《改革开放以来我国高等教育思想的演进》一文中指出：“高等教育强国既是发展目标，也是新时代我国高等教育的重要思想理念，具有十分丰富的内涵。它引导我们从整个国家发展的战略高度和国际视野来思考我国高等教育的发展问题，把高等教育思想提升到一个新的高度，实现了发展理念由局部到整体、由求大到图强、由民间探讨到国家意志的全面跃升，视野更加开阔，认识更加全面，目标更加凝练。二是引导了以全面质量提升为核心的内涵式发展。高等教育强国理念具有广泛的凝聚力和影响力，其意义和作用在于指明方向、引导发展、引领未来。”②

从强化“三个意识”到把高等教育思想提升到一个新的高度，再到蕴含着很强的中国本土社会文化，对高等教育强国的认识、研究在不断深入。

二、大改革、大发展、大提高的必然——建强国

大改革、大发展、大提高可以理解为：改革开放特别是跨世纪，我国的高等教育经历了大改革、大发展，高等教育发生了翻天覆地的变化，同时也踏上了大提高的进程。我们实施了“211 工程”，后来又实施了“985 工程”，这两个工程都取得了巨大成绩，强化了我国高校的“提高意识”，争取了一大笔经费，调动了教职工的积极性，取得了丰硕的成果，使我国的高等学校整体水平有了一个大提高，在国际高等教育的地位也有了明显的提高。有一部分大学在国际高等教育中排名明显居于前列，有了自己的地位。我们针对大学的结构、布局，特别是学科结构不合理的状况，进行大合并的调整，建立了一部分学科更加综合的大学。这些大学现在已明显显示出它的优势，世界排位的提升也非常明显，这些都是在大提高进程中取得的巨大进步。

大提高的进程和效果使我们有可能去设想要建设高等教育强国，对提出建设高等教育强国的目标起了重要作用。这次新冠肺炎疫情在世界范围流行，我国的防控治疗取得了伟大成绩。有专家认为：“当年大学合并，特别

① 赵婷婷．中国本土情境中的“高等教育强国”概念探析［J］．高等教育研究，2019，40（6）：1－9.

② 余小波，范玉鹏．改革开放以来我国高等教育思想的演进［J］．高等教育研究，2018，39（10）：1－8.

是医学院合并到多科性大学中去，使得我们现在的抗疫药物、技术的研究能够在更加综合的条件下进行，说明当年的合并调整是正确的。”现在回顾建设高等教育强国的提出和研究，深感这一目标是我国高等教育发展的必然，是改革开放后大改革、大发展、大提高的延续和发展的必然。

三、建设高等教育强国要升温、再升温、不断升温

建设高等教育强国在民间进行了大量研究，中国高等教育学会筹集巨资，发动上千人启动了“遵循科学发展建设高教强国”重大研究课题，其成果获得教育部第五届全国教育科学优秀成果一等奖。陈至立同志专门召开会议，推进高等教育强国的建设。党中央正式提出“到本世纪中叶，一流大学和一流学科的数量和实力进入世界前列，基本建成高等教育强国”的目标，从此，建设高等教育强国成为我国高等教育发展的国策。高教战线得到巨大鼓舞，特别是高等教育科学研究人员兴奋不已，不断地研究和讨论加强教育科学研究，提出了建设高等教育科学研究强国的目标。

最近几年，我个人感觉到建设高等教育强国声音小了，研究的势头似乎也弱了。但是我认为，建设高等教育强国这个伟大的目标、伟大的工程仍然需要升温，再升温，不断升温。我国高等教育基础比较薄弱，要做强，要站到世界前列是有很多问题要研究的。特别是党中央提出在21世纪中叶基本建成高等教育强国以后，如何理解中央的决策，这项目标提出的背景是什么？能否达到？有利条件是什么？困难在哪里？从哪些方面努力？如何有步骤、分阶段地来达到、来完成这个目标？它与中国特色社会主义高等教育的关系是什么？我们建设的是否应该是中国特色的高等教育强国？特色在哪里？我们沿着什么道路来建设高等教育强国？这些问题还需要动员战线好好研究。

另外，如何建设高等教育强国，似乎应该有个规划和设想。走一步算一步可能不够，关键是如何做强我国高等教育和各级各类高等教育，省级教育、职业教育、成人教育等如何做强，都需要我们提出规划、制定政策、组织队伍、加强投资。应该有试点，工作上有探索。

四、我的教育人生——“四情”

有些同事建议我写个“教育人生”，我虽反复考虑，但一直下不了决心。一是好像没有什么可写，二是写了以后也没什么作用，所以一直没有写。我这一辈子都在高教战线工作，我有两句话经常说：一是我在高教战线“混”了一辈子，二是“误入歧途”（指山沟里出来的人不想当官，却当了几乎一

辈子官）。我出生在一个贫困落后的小山村——湖南省郴州市桂东县寨前乡水湾村。这个县只有十几万人口，是个革命老区，就在井冈山旁边，当年毛泽东同志迎回二十八团的地方，海拔近 1 000 米，号称南方“青藏高原”。中华人民共和国成立前，这个县只有一个初中学校。据说此县周姓家族最高学历就是高级小学毕业。所以我小时候，祖父、父亲都说，要饭也得送我上学。我们乡只有初级小学校，高级小学、初级中学都要到县城去上学。天气不好，父亲、祖母背着我去上学。学校只供应主食米饭，菜由自己从家里带来，吃的是梅干菜。我上高级小学和初中时，吃了几百斤梅干菜。当时在我的家乡，是用吃干菜的多少来衡量一个人念的书有多少。初中毕业以后，我们两个毕业班集体走了 4 天的路到郴州市去参加统一考试。走路一天 100 里路，都是爬山。就在那一年赶考的路上，我才第一次看到了自行车、汽车（货车）、电灯、水果糖。我被分配到衡阳市一中念高中，每年回家一次，都要走 3 天以上的路才能到家。毕业时，我考上清华大学。那几年衡阳市一中每年考到清华大学的只有一人。接到清华大学录取通知书以后，由于没有钱，买不起公共汽车票，4 个考上不同学校的同学一起步行到郴州换车。由于到清华的路费也筹措不起，就到高中母校衡阳市一中申请了去北京的路费。到北京以后身上只剩一元钱，买了一床席子过了一晚上。第二天到学校报到，学校发了饭票、衣物、被子，就这样，我上了清华大学。毕业后留校当教师，几年之后让我去当教务处处长。当时的教务长跟我谈话，动员我做教务处处长，他说了一句话：“教学管理工作时间长了会很有味道。”至今我记忆犹新，并且慢慢体会到“有点味道”了。后来我被调到教育部工作，更踏上了我的教育人生。

在教育战线工作多年，经历了改革开放以后的教育大改革、大发展，应该收获多多，体会多多，可以总结的东西也很多。那么什么是我的教育人生呢？我想用“四情”来概括：素质教育情怀、教学改革情结、教育研究情愫和高教强国情缘。情怀、情结、情愫、情缘，便是我的教育人生“四情”。

导 论

由中国高等教育学会承担的国家社会科学基金“十三五”规划2016年度教育学重大招标课题“高等教育强国之路研究——高等教育强国的内涵、标准、实现路径和监测指标研究”于2016年7月正式立项并启动，2019年12月基本完成。课题包括三个子课题，分别为：由赵婷婷教授牵头负责的“高等教育强国的内涵及标准研究”，由丁晓昌教授牵头负责的“高等教育强国的监测指标体系研究”，由张德祥教授和李枭鹰教授牵头负责的“高等教育强国的实现路径研究”。课题总协调人高晓杰深度协调了三个子课题的研究。

2018年年初，新任总课题组负责人康凯提出应以“竞争力”作为高等教育强国的核心特质与关键特征推进研究，课题组高度认同，达成了根本性共识，并紧紧围绕这一核心概念开展了后续研究工作。课题组牢牢抓住“竞争力”就是深入贯彻“创新、协调、绿色、开放、共享”新发展理念，引导高等教育强国建设沿着新发展理念稳步健康发展这一核心思想进行深入研究。2019年2月，中共中央、国务院印发的《中国教育现代化2035》明确提出：“高等教育竞争力明显提升”是2035年主要发展目标之一。实践证明，本课题自始至终的研究方向和要求与党和国家制定的发展目标完全一致，充分说明课题组准确把握了本课题的实质内涵和高等教育规律，以及高等教育在国家整体发展中的地位和作用；也清楚地看到了世界高等教育的发展趋势和国际舞台的斗争形势。准确把握了课题的研究方向和要求，就为顺利执行好研究计划和完成课题研究任务奠定了坚实基础。

总课题组召开了5次课题推进会，各子课题组也多次进行研讨座谈，广泛吸收了各方意见和建议，同时还带动了大批博士生、硕士生参与课题研究，对人才培养发挥了积极作用。总课题组专门向课题总顾问周远清同志汇报了课题研究的核心内容和进展情况，得到远清同志的肯定和指导。

在研究过程中，课题组始终围绕“竞争力”这一核心概念，综合运用多种研究方法，严把关键环节，按照设计进度，有序开展相关研究。课题从“高等教育强国”概念的历史生成、本土意蕴、维度特征等方面系统分析了其内涵及标准；构建了高等教育强国监测指标体系；提出了高等教育强国实现路径的多个关键环节。主要研究结论包括以下几点：

第一，提升“竞争力”是建设高等教育强国的核心任务，是推进高等教育及教育现代化的必经之路，是提升国家整体实力的必然选择。高等教育竞争力是高等教育系统在知识创新、人才培养和社会服务等方面所具有的在世界范围内赢得优势的能力，是国家竞争力的重要组成部分，体现在自身发展能力、社会需要能力和创新引领能力三个方面。

第二，课题组从“高等教育强国”这一概念的历史生成、本土意蕴和特征维度等方面系统分析了其内涵结构。在综合研究后认为，高等教育强国是指以竞争力为核心，具有较高自身发展水平，能够较好满足社会经济发展需要，展现较强创新引领能力，具有世界一流水平和本国特色的高等教育系统。

第三，课题组在依据高等教育强国监测模型，形成监测指标体系整体架构基础上，综合运用国际比较、问卷调查、因子分析等数种适切方法确定了监测指标标准和指标权重，由此构建了包括高等教育自身发展能力、满足需要能力、创新引领能力 3 个维度、10 个要素和 36 个监测点的监测指标体系。虽然本研究中的实际监测环节带有实验性、研究性和探索性，但仍能反映出我国高等教育强国建设的大体状况。研究表明，2014—2016 年我国高等教育强国指数分别为 60. 0、63. 4、66. 7，高等教育强国指数增长速度较快，且大多数指标的得分呈上涨趋势，但总体上仍处于“基本合格”状态，距离高等教育强国目标还有较大差距，需要进一步加大各方面支持力度并不断深化改革，实现提高质量、提高竞争力的目标。

第四，课题组立足高等教育强国的基本内涵，结合监测提示，提出了我国高等教育强国实现路径的多个关键环节。具体包括：①中国共产党的领导和中国特色社会主义制度是我国建设高等教育强国最根本最强大的领导力、组织力和保障力，也是我国建设高等教育强国所具有的最大竞争力优势；②动态优化高等教育结构是建设高等教育强国的根本条件；③全面提升高等教育质量是建设高等教育强国的内在要求；深度实现高等教育公平是建设高等教育强国的本质属性；④统筹推进高等教育国际化是建设高等教育强国的战略抉择；⑤系统加强高等教育治理现代化是建设高等教育强国的必然要求。

本课题是研究高等教育强国这一重大命题的一个环节，是在前人大量研究基础上的进一步推进。本课题研究中的许多内容带有实验性、探索性，尚有很多问题需要在今后的实践中继续研究。我们相信，按照党的十九届五中全会的战略部署，经过坚持不懈的努力奋斗，高等教育强国系列研究一定能不断结出丰硕成果。

2021 年 6 月 4 日，全国教育科学规划领导小组办公室宣布本立项课题通过鉴定。

在此，对所有为本课题研究做出贡献和给予大力支持的人们表示最衷心的感谢！

编　者

2021 年 6 月

目 录 ◎

第一篇 高等教育强国的内涵及标准研究 …… 1
一、高等教育强国的内涵研究 …… 2
（一）我国高等教育强国概念的独特意蕴 …… 2
（二）竞争力是高等教育强国概念内涵的核心 …… 5
（三）高等教育强国概念内涵的维度 …… 9
二、世界高等教育强国的特征 …… 10
（一）自身发展能力维度 …… 11
（二）满足需求能力维度 …… 22
（三）创新引领能力维度 …… 32
三、我国高等教育强国评价标准体系的构建 …… 40
（一）高等教育强国内涵、特征、标准及指标体系的逻辑关系 …… 40
（二）我国高等教育强国评价标准体系 …… 42

第二篇 高等教育强国的监测指标体系研究 …… 45
一、构建高等教育强国监测指标体系的思路和要求 …… 45
（一）高等教育强国监测的基本思路 …… 46
（二）构建高等教育强国监测指标体系的必要性与可行性 …… 48
（三）高等教育强国监测指标体系的基本要求 …… 51
二、高等教育强国监测指标体系的整体构架与标准 …… 56
（一）高等教育强国监测指标体系整体构架 …… 56
（二）高等教育强国监测指标标准的制定 …… 65
（三）高等教育强国监测指标标准的设定 …… 68
三、高等教育强国监测指标权重的确定 …… 86
（一）问卷设计与调查 …… 86
（二）指标权重的计算方法 …… 90
四、我国高等教育强国监测指标体系 …… 95
（一）我国高等教育强国监测指标体系表 …… 95

（二）我国高等教育强国监测指标体系中各项指标的内涵解读 …… 97
五、高等教育强国监测结果计算与分析 …… 97
（一）数据收集与处理 …… 98
（二）高等教育强国监测总体结果 …… 100
（三）高等教育强国建设的成效与问题分析 …… 105

第三篇 高等教育强国的实现路径研究 …… 111
一、中国共产党的领导和中国特色社会主义制度是我国建设高等教育强国最根本最强大的领导力、组织力和保障力，也是我国建设高等教育强国所具有的最大竞争力优势 …… 113
（一）中国共产党的领导是建设我国高等教育强国的灵魂 …… 113
（二）中国特色社会主义制度所具有的组织力和保障力是高等教育治理现代化的根基 …… 117
二、动态优化高等教育结构，系统加强高等教育治理现代化，提升高等教育系统自身发展能力 …… 118
（一）动态优化高等教育结构 …… 118
（二）系统加强和推动高等教育治理现代化 …… 130
三、全面提升高等教育质量，深度实现高等教育公平，提升高等教育系统满足需要能力和创新引领能力 …… 133
（一）全面提升高等教育质量 …… 134
（二）深度实现高等教育公平 …… 138
四、统筹推进高等教育国际化，助力中国高等教育走出去，提升中国高等教育系统国际影响力 …… 142
（一）增强语言服务能力，助力高等教育国际化和中国高等教育走出去 …… 143
（二）促进多元文化相互理解及最大程度认同，助力高等教育国际化和中国高等教育走出去 …… 144
（三）加强教育政策沟通，建设高等教育共同体，助力高等教育国际化和中国高等教育走出去 …… 146

附件 …… 148

第一篇
高等教育强国的内涵及标准研究

党的十九大报告提出，新时代坚持和发展中国特色社会主义的总任务是“实现社会主义现代化和中华民族伟大复兴，在全面建成小康社会的基础上，分两步走在本世纪中叶建成富强民主文明和谐美丽的社会主义现代化强国”,[①] 而“建设教育强国是中华民族伟大复兴的基础工程，必须把教育事业放在优先位置”[②]。2019 年初，中共中央、国务院印发的《中国教育现代化 2035》提出“到 2035 年，总体实现教育现代化，迈入教育强国行列，推动我国成为学习大国、人力资源强国和人才强国”，在高等教育方面，实现“竞争力明显提升”的主要发展目标。

当前，我国高等教育正处于加快实现现代化、建设高等教育强国的关键时期，这要求我们必须以“创新、协调、绿色、开放、共享”新发展理念为指导，紧紧抓住“竞争力”核心概念，对高等教育强国有清晰的理论认识，只有真正把握高等教育强国的深刻内涵及标准，才能为我国高等教育强国建设提供理论指导，才能突出抓重点、补短板、强弱项，开启建设高等教育强国新征程。

---

① 习近平．决胜全面建成小康社会 夺取新时代中国特色社会主义伟大胜利：在中国共产党第十九次全国代表大会上的报告［M］．北京：人民出版社，2017：19.

② 习近平．决胜全面建成小康社会 夺取新时代中国特色社会主义伟大胜利：在中国共产党第十九次全国代表大会上的报告［M］．北京：人民出版社，2017：45.

一、高等教育强国的内涵研究

“高等教育强国”概念提出至今已有20余年，它对近年来中国高等教育的发展产生了深远的影响，因此有必要从概念提出的背景和发展的过程来分析这一概念本身的特征，这也是我们研究高等教育强国内涵的基础。

（一）我国高等教育强国概念的独特意蕴

课题组研究人员认为，高等教育强国是一个中国所独有的本土概念，是一种原始创新。由于这一概念与我国高等教育发展战略相契合，因此它从一个学术概念演变发展为政策目标概念，并因承载着多重内涵而形成了一个较为完整的概念体系。

1. 高等教育强国是一个中国本土概念

20世纪中叶以后，世界社会科学研究发生了很大变化，西方学者在研究非西方社会时发现，原有在西方社会科学中使用的术语和概念不能充分表达这些非西方社会的情况和特征，于是就出现了“本土概念和术语”①。可见，本土概念是研究者用来“表达他们自己看世界的方式的概念”②，它所蕴含的是研究者群体或者自身看待世界的视角和价值观。

“高等教育强国”这一概念产生于20世纪末不断崛起的中国社会，因此，不管是意指高等教育系统本身是否强大，还是意指高等教育能否促进国家的强大，从其产生之日起，它就被赋予了强烈的国家责任感和使命感：人们希望在世界高等教育体系中做强我国高等教育，提升其整体实力；而且希望高等教育应在提升国家整体实力的过程中发挥更重要的作用。因此，高等教育强国这一概念体现着强烈的本土化倾向，它源于在当今世界高等教育格局中我国的赶超要求和强烈发展意愿，其目的是想要寻找并确立中国高等教育在世界高等教育体系中的地位，它体现的是中国看待自身高等教育的出发点、价值观以及所蕴含的期望。

如果把这一概念和其他相关研究进行比较，就更容易理解其本土性。在这方面，影响最大的研究是关于高等教育中心的研究。日本科学史学者汤浅光朝曾对各国重大科学成果数量进行过统计，并据此总结出世界科学中心转移的规律，即从意大利开始，经英国、法国、德国转移至美国。之后，一些

---

① 里格斯，王显华．本土概念：社会科学与情报学的一个问题［J］．国际社会科学杂志（中文版），1988（4）：175－186.

② 陈向明．“本土概念”分析［J］．外语教学与研究，2000（3）：196－199.

学者发现，世界科技中心与高等教育中心之间存在着密切联系，可以说，每个时代的科技中心都是当时的世界高等教育中心，而且科技中心转移的规律和世界高等教育中心转移的规律也是一致的。同时，美国学者阿特巴赫曾借鉴爱德华·希尔斯的中心—边缘理论，将世界高等教育划分为中心和边缘两个部分①，处于中心的高等教育系统整体质量较高，且对其他高等教育系统有影响作用。可以看出，中心论和中心—边缘论是从第三者的视角和立场进行的客观描述，而我们提出的高等教育强国概念是从自身内部的社会视角和立场，积极主动地研究与实践，两者内涵截然不同。

综上所述，“高等教育强国”是中国的本土概念，因此，中国学者尤其应该对其进行深入研究。正如阿特巴赫指出的，“高等教育强国的判断标准还是一个新事物。中国高等教育强国的判断标准问题，应该由中国的学者来研究。”②

2. 高等教育强国是一个政策目标概念

正如前面所说的那样，由于高等教育强国是个本土概念，体现着国家和民族对高等教育所寄予的期望，因此它本身就带有战略性和政策性的意义。1995 年，时任国家教委副主任周远清同志提出了“把一个什么样的高等教育带入 21 世纪”的命题，并于 1999 年 8 月在《教学与教材研究》（即现在的《中国大学教学》）上发表了《强化“三个意识”建设高等教育强国》的文章，畅想了 21 世纪的中国高等教育，提出“强化国际意识、素质意识、改革意识，建设高等教育强国”。可以看出，“高等教育强国”是在世纪之交最先以发展设想而被提出来的，政府教育部门领导在这一过程中起到了重要推动作用，高等教育强国进入政策议程阶段。

一项政策问题进入政策议程之后，只有经过方案规划后才能形成政策方案，并最终得以解决，而方案规划是对政策问题的分析研究并提出相应的解决办法或方案的过程。2007 年 12 月，时任国务委员陈至立在教育部直属高校工作咨询委员会第十八次全体会议上强调，以提高质量为核心，加快从高等教育大国向高等教育强国迈进。她指出“建设高等教育强国战略目标的时机已经成熟”，并且说明了建设高等教育强国的战略意义，强调了基本思路和战略重点。2008 年 6 月，由中国高等教育学会组织的“遵循科学发展，建设高等教育强国”课题研究开题，开启了高等教育强国的政策研究工作。随后，得到国家社科基金“十一五”规划 2008 年度教育学重点课题和教育部

---

① ALTBACH P G. The University as Center and Periphery [M]. New York: Praeger Publishers, 1980: 42 - 60.

② 陈廷柱，姜川. 阿特巴赫教授谈中国建设高等教育强国［J］. 大学教育科学，2009（2）：5 - 8.

哲学社会科学重大课题攻关项目的大力支持并立项。

在政策议程、方案规划后，高等教育强国通过了政策合法化程序。2010年6月，中共中央政治局召开会议，审议并通过《国家中长期教育改革和发展规划纲要（2010—2020年）》（以下简称《纲要》）。《纲要》提出："提高质量是高等教育发展的核心任务，是建设高等教育强国的基本要求。到2020年，高等教育结构更加合理，特色更加鲜明，人才培养、科学研究和社会服务整体水平全面提升，建成一批国际知名、有特色、高水平的高等学校，若干所大学达到或接近世界一流大学水平，高等教育国际竞争力显著增强。"可以看出，《纲要》将高等教育强国作为高等教育发展的长远目标，并从提高质量、完善结构、创建一流大学、提高竞争力等角度进行了全面部署。

2015年，国务院发布了《统筹推进世界一流大学和一流学科建设总体方案》，提出："统筹推进世界一流大学和一流学科建设，实现我国从高等教育大国到高等教育强国的历史性跨越……到本世纪中叶，一流大学和一流学科的数量和实力进入世界前列，基本建成高等教育强国。"这标志着建设高等教育强国有了明确的规划，它是在《纲要》基础上的进一步部署，是对高等教育强国建设的系统落实。可以看出，高等教育强国这一概念逐步从一个学术探讨的概念转化为一个具有战略性实施的政策目标概念。

3. 高等教育强国是一个充分体现新发展理念的综合性概念体系

高等教育强国概念包含多种维度和视角，不能用单一的维度简单地概括、说明高等教育强国的内涵。高等教育强国概念的综合性首先体现在与高等教育大国概念的内涵对比之中。高等教育大国仅包含高等教育规模这一单一维度，规模大即可称为高等教育大国，体现为"量"的一面。但高等教育强国则不同，其内涵除了包括一定的规模特征外，更包括质量、结构、效益、制度等多个维度，体现"量"和"质"的统一。

其次，从现有对高等教育强国内涵的研究也可看出高等教育强国内涵的综合性。比如，眭依凡①、洪成文②、蔡克勇③等从贡献输出的视角来理解其内涵，认为高等教育强国是对别国有影响力的高等教育系统；马陆亭④、瞿

---

① 眭依凡. 高等教育强国：大学的使命与责任［J］. 教育发展研究，2009，29（23）：26-30.

② 洪成文. 高等教育强国的内涵、特征及建设策略［J］. 徐州工程学院学报（社会科学版），2012（5）：93-96.

③ 蔡克勇. 关于建设高等教育强国的若干问题［J］. 高等教育研究，2008（5）：7-12.

④ 马陆亭. 高等教育强国的政策路径选择［J］. 探索与争鸣，2016（7）：21-23.

振元[①]等侧重从系统的角度来阐释其内涵，认为高等教育强国的核心在于高等教育体系强，而非仅仅若干一流大学强。众多学者对高等教育强国内涵的理解都有其合理之处，但因视角的差异，对这一概念产生了不同的解释，由此可见其概念内涵的综合性和体系性。

总之，我国高等教育强国建设要全方位贯彻新发展理念，将“创新、协调、绿色、开放、共享”充分体现在“量”与“质”的有机统一上，形成强大竞争力。

（二）竞争力是高等教育强国概念内涵的核心

1. 高等教育竞争力是在世界范围内赢得优势的能力

小到个体，大到国家，竞争普遍存在于各种主体之间。长期以来，关于竞争及竞争力的相关研究一直备受关注，且已经发展成为一个相对完整的理论体系。一般认为，竞争是两个或两个以上的个人或集团为了自身利益而展开的较量，竞争通常包括四个要素，即竞争主体、竞争场所、竞争目标和不同的利益。[②] 可以看出：第一，竞争产生于各竞争主体之间；第二，不同主体的利益是竞争产生的根源；第三，竞争的展开需要空间场所，场所不同，竞争的主体、利益等都将有所不同；第四，竞争的目标有很多，集中体现为对资源的竞争，而资源最主要的特征就是重要性和稀缺性。从这种意义上讲，竞争力就是各竞争主体在争夺关键的稀缺资源时赢得优势的能力。

竞争力按竞争主体不同可分为产业竞争力、企业竞争力等；按照竞争场所的不同可分为国际竞争力、国家竞争力、区域竞争力等；按照竞争目标的不同又可分为人才竞争力、创新竞争力等。如果从竞争主体方面看，高等教育竞争力的竞争主体是不同的高等教育系统，它和我们通常说的大学竞争力并不完全相同，因为后者的竞争主体是大学。如果从竞争场所方面看，高等教育竞争力又可分为国家高等教育竞争力、区域高等教育竞争力等。国家高等教育竞争力是国家间的竞争，其竞争场所是在世界范围之内。如果从竞争目标方面看，高等教育竞争力又可分为人才培养竞争力、科学研究竞争力、社会服务竞争力等，因为这三点是高等教育系统的核心任务。

本研究所指的高等教育竞争力主要是指国家高等教育竞争力，是国家间高等教育系统在国际舞台上较量的能力。综上，我们认为，高等教育竞争力

---

① 瞿振元. 高等教育强国：本质、要素与实现途径［J］. 中国高教研究，2013（3）：1－5.

② 汪应洛，马亚男，李泊溪. 几个竞争力概念的内涵及相互关系综述［J］. 预测，2003（1）：25－27.

的性质是为了实现国家利益，其高等教育系统在知识创新、人才培养和社会服务等多方面所具有的在世界范围内赢得优势的能力。

2. 提升高等教育竞争力是建设高等教育强国的核心

中华人民共和国成立以来，尤其是改革开放以来，我国高等教育取得了举世瞩目的伟大成就。仅仅用了几十年的时间，我国不仅一举成为世界高等教育规模第一的、名副其实的高等教育大国，而且越来越多的大学跻身于世界一流大学行列。高等教育从过去的“追赶”状态逐步进入“并跑”状态，有的领域甚至开始进入了“领跑”状态。① 但是，总体而言，我国与世界一些高等教育强国相比，无论是世界一流大学的数量，还是拥有拔尖创新人才的数量，乃至原创性科研成果的产出能力等方面尚存在着相当差距。各种测评数据结果以及实际情况均显示，我国高等教育整体水平在世界范围内的竞争力还不够强，还没有形成全面高质量的竞争实力。因此，要想赶超世界发达国家高等教育，提升我国高等教育竞争力无疑是正确和最有效的途径之一。可以说，竞争力提升的过程就是与世界高等教育强国缩小差距的过程，也只有当我国的高等教育具有与世界高等教育发达国家同台竞争的实力时，我国才会迈入到世界高等教育强国的行列。

2019 年年初，中共中央、国务院印发的《中国教育现代化 2035》提出了“到 2035 年，总体实现教育现代化，迈入教育强国行列”的新目标。教育现代化的实现，首先无疑是教育系统整体水平的提高以及所培养人才整体素质的提升，而这对于基础教育和高等教育来说，其具体表现是不同的：对基础教育来说，水平提高和人才素质提升更突出地表现在全体公民素质等方面；对高等教育来说，则更突出地表现为提升专门人才的整体水平和科技创新的整体实力，也就是说更集中地表现为高等教育整体竞争力的提升。我们认为，进一步明确提升“竞争力”在我国高等教育发展中具有重要的意义，对认识我国高等教育发展中的关键问题和主要矛盾具有重要价值。中央提出“创新、协调、绿色、开放、共享”新发展理念的目的就是要提高各行各业的竞争力，实现社会主义现代化强国。所以，尽管当前我国高等教育的发展千头万绪，各种问题和矛盾交织在一起，但如果我们抓住提升竞争力这一核心，那么未来我国高等教育改革和发展就有了明确的方向。

3. 高等教育竞争力是国家竞争力的重要组成部分

随着经济全球化的发展，国家之间的竞争日趋激烈。国家竞争力是一国

---

① 邬大光. 从跟跑到领跑：中国高等教育发展的必由之路［J］. 教育家，2018（32）：28－31.

的政治、经济、文化、教育、科研、人才等多种要素在国际竞争中展现出来的一种综合性的国家实力，由各个领域的竞争力所构成。但国家竞争力并不等于各领域竞争力的简单相加，随着时代的发展，某些领域的竞争力可能对国家竞争力起到基础性、关键性甚至决定性的作用。如果说传统经济时代决定竞争力的核心要素是自然资源、劳动力资源以及物质资源的投入，那么在知识经济时代，国家之间的竞争实际上是科技创新能力、高素质人力资源的竞争。而科学技术的创新、高素质人力资源的积累以及整体国民素质的提高，都必须充分发挥教育竞争力在国家及全球竞争中的基石作用。高等教育直接承担着高层次、高素质人才培养以及科技创新等职能，从这一角度说，高等教育竞争力是国家竞争力的关键所在。

2016 年 5 月，中共中央、国务院颁布了《国家创新驱动发展战略纲要》，明确提出了我国建设世界科技强国的“三步走”战略目标。当前，新一轮世界科技革命和产业变革正孕育兴起，将对世界经济政治格局、产业形态、人们生活方式等产生深刻影响，也必将重塑世界科技竞争格局、改变国家力量对比，科技创新成为各国谋求竞争优势的核心战略。2018 年 5 月，习近平总书记在中国科学院第十九次院士大会、中国工程院第十四次院士大会上的讲话中进一步指出：“中国要强盛、要复兴，就一定要大力发展科学技术，努力成为世界主要科学中心和创新高地。”因此可以看出，在科技创新受到前所未有重视的今天，我国高等教育的作用也进一步凸显，它必将在建设创新型国家的过程中肩负重要责任。因此，要想提升国家竞争力，必须要有具备强大竞争力的高等教育支撑，这是在国家竞争力整体提升过程中的必然选择。

一些国际组织、国际权威研究机构也把高等教育竞争力作为国家竞争力的重要组成部分。课题组对当前在全球具有广泛影响力的七个竞争力报告和教育报告进行了分析，它们分别是：世界经济论坛（The World Economic Forum，WEF）的《全球竞争力报告》、瑞士洛桑国际管理发展学院（International Institute for Management Development，IMD）的《世界竞争力年鉴》和《世界人才排行榜》、经济合作与发展组织（Organization for Economic Co－operation and Development，OECD）的《教育概览》、联合国教科文组织（United Nations Educational Scientific and Cultural Organization，UNESCO）的《全球教育监测报告》、欧盟（European Union，EU）的《欧洲创新记分牌》、欧洲工商管理学院（Institut Européen d'Administration des Affaires，INSEAD）的全球人才竞争力指数（GTCI）。我们发现这些报告中的指标与观测点大致可以分为三大类：关于高等教育的指标、关于外部政策环境支持的指标以及关于国家创新能力的指标。其中，关于高等教育的指标包括高等教育的投入、高等教育的规模、高等教育的产出、国际化程度以及教育质量的评价等；关于政策环境支持的指标包括对劳动力和就业支持政策的调查、对产学研合作政策支持的考察以及对国家吸引人才能力的考察等；关于国家创新能力的指标包括：研发活动的财政和人员投入状况、创新环境支撑以及创新成果等（如表 1－1 所示）。

表 1－1　七个竞争力报告和教育报告中指标与观测点归纳

分类	指标	观测点
高等教育情况	高等教育的投入	高等教育生均支出
		高等教育经费支出占 GDP 的百分比
		高校学生的学费
		高校学生公共补贴（奖/助学金）
		高等教育经费的经常性支出比例
		生均教师工资成本
		教师工资水平
		教师与总公共支出/学生数
	高等教育的规模	高等教育毛入学率
		研究生教育的入学率
		高等教育在校生生师比
		25～64 岁成年人接受继续教育的比例
		女性获得学士和硕士学位的比例
	高等教育的产出	新博士（25～34 岁）毕业生
		高校毕业生数
		25～34 岁青年接受高等教育比例
		25～64 岁人口拥有高等教育学历比例
		学生的语言能力
高等教育情况	国际化程度	外国留学生数
		留学生占本国在校生的百分比
		本国出国留学生比例
		本国出国学习人数比例
	教育质量评价	管理学院的质量
		科研机构质量
		教育评估
政策环境支持	劳动力与就业	就业人数
		高等教育的投入与回报（工资）
		各类人才的储备状况
		终身学习/继续教育
		获得发展的机会
	产学研合作政策支持	大学/产业的研究合作状况
		学校重视科学教育的程度
		公私合著出版物（考察合作状况）
		教育体制（教育满足经济发展需求）
	国家吸引人才的能力	有吸引力的研究机构
		开放程度
		可持续发展
		生活方式和生活质量
		人才吸引及留存
		人才外流

续上表

分类	指标	观测点
创新能力	研发财政投入	高等教育机构研发的投入占 GDP 的比例
		研究与开发支出
		研究与开发支出占 GDP 比重
	研发人力投入	全国研发人员总数
		研发人员数量（千人）
		科学与工程类学士学位获得者占全部学士学位获得者比重
		信息技术人才的可获得性
		科学家与工程师的可获得性
	创新环境	知识产权保护
		法律环境对技术开发与应用的支持
		法律环境对科学研究的支持情况
创新能力	创新成果	科学论文数量
		科学研究数量
		引用率≥10%的出版物
		诺贝尔奖数量（1950 年起）
		专利总数
		PCT（专利合作应用合同）专利申请
		ICT 中的专利数
		生物技术中的专利数
		专利申请数量（每十万人专利申请数）
		专利许可数量（每十万人专利许可数）

从表 1－1 可以看出，高等教育竞争力是各大竞争力指标体系中的重要组成部分，其指标涵盖了高等教育的诸多方面。同时，在政策环境支持以及创新能力这两个大的维度中，一些指标和观测点如各类人才的储备情况、大学与产业的合作情况、高教机构研发的投入、科学论文数量等也都与高等教育紧密相关。可以说，高等教育竞争力强弱是决定国家竞争力强弱的关键所在。

（三）高等教育强国概念内涵的维度

根据前面对高等教育强国概念的独特含义以及高等教育竞争力的分析，并借鉴和综合国际权威机构竞争力报告和教育报告中对高等教育指标与观测点的设计，我们认为应该从以下三方面把握高等教育强国的内涵。

1. 高等教育自身发展能力

高等教育自身发展能力是体现高等教育自身发展状况的重要维度，这是衡量某一高等教育系统发展水平如何、是否具有竞争力的核心所在。一般来说，自身发展水平高的高等教育系统，才有可能是具有强竞争力的高等教育系统。高等教育自身发展水平的高低，不仅体现在高等教育系统的规模增长以及硬件条件，如经费投入、师资队伍、场所设备等方面的持续改善，更体现在软性制度环境，如理念、质量、制度以及国际化水平等方面的持续提升和优化。

2. 高等教育满足需求能力

高等教育不是孤立于社会而存在的，世界高等教育强国发展经验表明，高等教育强国是一个高等教育系统与社会各子系统不断互动、相互促进而生成的整体性系统，高等教育在不断满足社会需求的过程中促进着社会的发展，也提升着自己的能力，实现着与社会其他子系统的共生共长。作为社会重要的子系统之一，高等教育需要社会各子系统的支持，同时也必须承担社会赋予的责任。因此，当高等教育赖以生存的国家和社会对它提出要求时，高等教育理应满足这些要求，这是它作为国家和社会的组成部分责无旁贷的使命和责任。一般来说，高等教育至少需要满足政治经济、利益相关者和社会文化三个方面的发展需要。

3. 高等教育创新引领能力

近年来，世界各国都非常重视创新在社会经济发展中的作用，并将其作为未来国家经济发展的重要发力点和增长点，而创新驱动力的重要来源就是高等教育，这也是高等教育在各国备受重视的主要原因。高等教育引领和促进创新的能力主要体现在科学研究、经济发展、制度环境以及教育模式四个方面。很多高等教育发达国家的实践证明，高等教育不仅是国家创新体系中科学研究成果的最重要提供者，而且通过与产业的互动和合作，高等教育能够促进国家经济的快速发展；同时，高等教育的创新又能进一步促进国家制度环境的改进，形成良性循环；高等教育强国还形成具有自身特色的经验做法和教育模式，并被别国所效仿。

综上所述，我们认为，高等教育强国是指以竞争力为核心，具有较高自身发展水平，能够较好满足社会经济发展需要，展现较强创新引领能力，具有世界一流水平和本国特色的高等教育系统。

二、世界高等教育强国的特征

我们所说的高等教育强国虽然是一个本土概念，但在世界范围内是具有基本认同的共同特征，带有普遍意义。在此，运用上述三个维度对发达国家高等教育进行系统观察和分析研究，有助于为本课题后续研究奠定基础，推动课题研究走向深入。进行这部分研究时我们主要遵循以下原则。一是客观性原则。即尽量运用客观数据、历史资料等证明这些特征，而不是运用说理的方法来论证这些特征。二是共性为主、兼顾个性的原则。即尽量从共性特征的角度对发达国家高等教育特点进行归纳总结，只有当国家间确实体现出比较大的差异时，才会兼顾个性特征。三是结果性为主、兼顾过程性原则。课题组主要是从发达国家高等教育的现实表现来展开相关分析的，但在某些方面，只有分析了这种特征的历史发展过程才能更好地说明问题，因此我们采用结果性为主、兼顾过程性的分析方式。

（一）自身发展能力维度

在自身发展能力维度方面，发达国家高等教育主要表现在规模结构、经费投入、师资队伍、基础设施、制度建设、理念文化、国际化等七个方面。

1. 高等教育毛入学率处于同时期世界发展水平前列，结构比较优化

高等教育毛入学率是衡量一国高等教育发展水平的重要指标。图 1 – 1 显示了 20 世纪 70 年代以来部分国家的高等教育毛入学率发展变化趋势。可以看出，从 20 世纪 70 年代开始，美、英、德、法、日、俄等国的高等教育毛入学率持续提升。根据马丁 · 特罗的高等教育大众化理论，美国于 1975 年高等教育毛入学率就达到 51.1%，率先迈入高等教育普及化阶段，并且同其他国家相比，一直处于高位运行状态，2011 年高等教育毛入学率更是达到

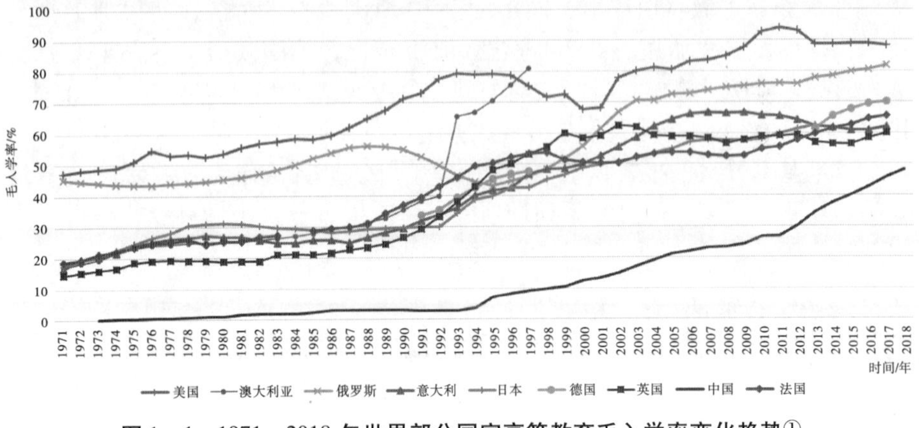

图 1 – 1　1971—2018 年世界部分国家高等教育毛入学率变化趋势①

① 数据来源：中国 1995 年以及之后的数据来自于中国历年教育事业统计公报，其余数据来自于世界银行数据库。

峰值93.9%，体现了美国作为20世纪以来世界高等教育强国的发展水平。到20世纪末，英、德、法等国都进入了高等教育普及化阶段。

高等教育结构是指高等教育系统内部各要素的构成状态，主要包括层次结构、类型结构和学科结构等。美、英、日等发达国家高等教育系统的一个突出特征就是其高等教育结构能够根据社会发展需要不断进行优化和调整，其主要表现在以下三个方面。一是高等教育的层次结构向上拓展和向下延伸并进。即以本科教育为中心，既向上拓展扩大研究生教育的规模，又向下延伸加快专科教育的发展。20世纪70年代以来，美国高等教育层次结构的调整表现为专科和研究生层次教育的蓬勃发展，而4年制本科教育比例呈下降趋势。[①] 同样，日本在1949年颁布了《短期大学设置基准》，将专科教育纳入重点发展议程，1974年颁布了《研究生院设置标准》，推进了研究生教育的发展。层次结构的上下拓展适应了这些国家经济结构和生产方式变化对不同层次人才的需求。二是高等教育机构类型结构朝多样化方向发展。根据美国卡内基高等教育委员会2018年发布的最新分类，美国高等学校分为8个大类33个子类；日本学者天野郁夫在借鉴美国大学分类方法的基础上，根据研究职能的强弱将日本大学分为五种类型。[②] 类型结构的多样化有助于使高等学校在功能定位、学科分布、教育层次等方面各具特色，以更好地满足社会多样化的需求。三是以社会需求为依据主动调整学科专业结构。各国政府都注重通过制定相关政策、法规、资金导向和设置机构等方式引导高等教育系统的学科专业结构调整，使其不断适应本国经济发展和产业结构的升级，如英国著名的《帕西报告》和《巴洛报告》指出要大力发展科技教育。1956年颁布技术教育白皮书，同年设立10所高级技术学院，使得理工科专业教育得以发展和加强。到20世纪六七十年代，英国政府又进一步大力发展多科技术学院，逐渐扭转了文科与理工科专业结构失衡的局面[③]。在日本，1957年出台的《关于振兴科学教育的方案》，1960年发布的《关于十年振兴科学技术基本方案的报告》，均把增加理工科学生数量作为日本发展高等教育的一项基本政策，经过一系列计划的调整，大大促进了学科专业结构与产

---

① 刘志林．高等教育层次结构与社会经济发展关系分析［J］．高等工程教育研究，2019（5）：120－126．

② 史朝，邬大光．高等教育发展的社会学分析：评天野郁夫的《日本高等教育结构》［J］．高等教育研究，1996，17（3）：92－96．

③ 赵婷婷，张婷婷．英国高等教育学科专业结构的调整与启示［J］．中国大学教学，2002（Z2）：52－54．

业结构的协调发展。[①] 近年来，美国为满足新产业革命对创新型和复合型人才的需求，大力推进交叉学科专业的发展，如美国普林斯顿大学设有 30 个特殊的跨学科、跨系项目，斯坦福大学设置 63 个交叉学科项目[②]，学科结构调整呈现深化发展趋势。另外，地区间高校布局结构优化也十分重要。

2. 资金投入比较充足，具有多元化的经费投入体系

高等教育是资源依赖型系统，其健康快速发展离不开充足的资金支持，充足的经费投入是推动高等教育健康快速发展的重要保障。从这个意义上说，高等教育经费投入状况是衡量一个国家高等教育自身发展能力的重要指标。

怎样的经费投入更有利于高等教育发展呢？从发达国家高等教育的发展经验可以看出，一方面，充足的投入是高等教育发展的强大动力和重要支撑。图 1－2 显示了 2010—2015 年部分国家高等教育支出情况，其中，图 1－2（a）为包含美国的数据图，可以看出，美国的高等教育经费投入远超其他国家，据统计，其高等教育投入占 GDP 比重维持在 2.3%～3.1%；图1 2（b）为不包含美国的数据图，可以看出，各国用于高等教育的投入呈持续增加的趋势，其中日本的投入比其他国家都高，这也是近年来日本高等教育快速发展的原因之一。图 1－3 则显示了 OECD 部分国家生均高等教育经费情况，可以看出，美国、加拿大等发达国家的生均高等教育经费远高于 OECD 国家平均水平，其中美国、加拿大、日本占据了前三位。

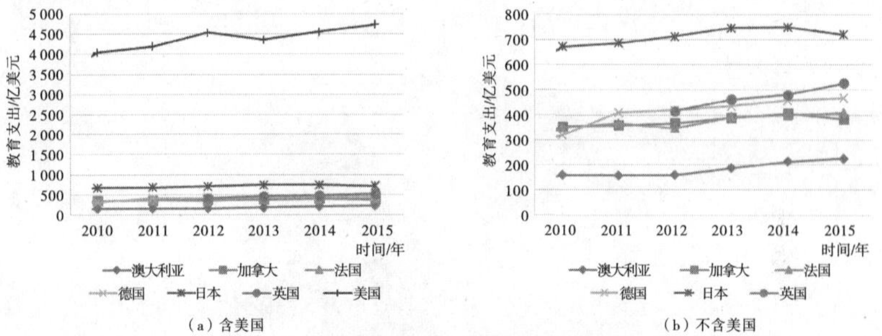

图 1－2　2010—2015 年部分发达国家高等教育支出情况比较[③]

---

① 王志蔚，王妍妍. 战后日本学科专业调控及启示［J］. 高教发展与评估，2017，33（2）：90－98，112.

② 刘忠京，王毅. 发达国家产业结构升级与高教结构调整的关系研究［J］. 教育与职业，2016（11）：19－22.

③ 根据 OECD 各国 GDP 及高等教育支出占 GDP 比例计算得出，其中各国 GDP 数据来源于 OECD 官网，高等教育支出占 GDP 比例数据来源于 *Education at a Glance* 2019。

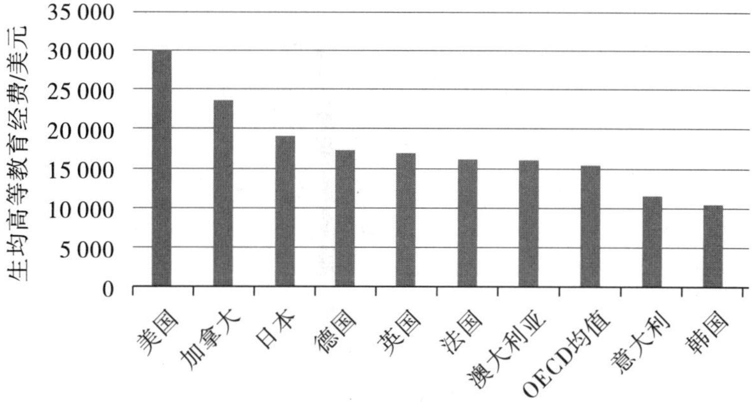

图 1－3　2016 年 OECD 部分国家生均高等教育经费比较

多元化的经费来源尤其是社会资金的投入是发达国家高等教育经费投入的重要特点。实际上，高等教育经费来源多元化已成为发达国家高等教育经费投入的趋势，其来源一般包括：政府拨款、学杂费收入、捐赠收入、附属机构（医院或企业）收入、投资收益及其他收入等。

图 1－4、图 1－5 显示了 2015—2016 年度美国公立和私立高校高等教育经费来源构成。可以看出，美国高等教育经费来源非常广泛，在公立高校中，

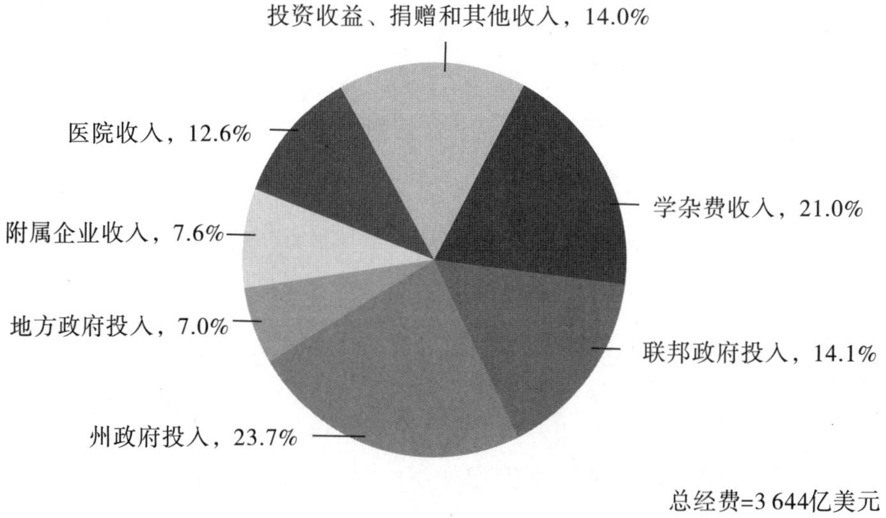

图 1－4　2015—2016 年度美国公立高等学校经费来源构成

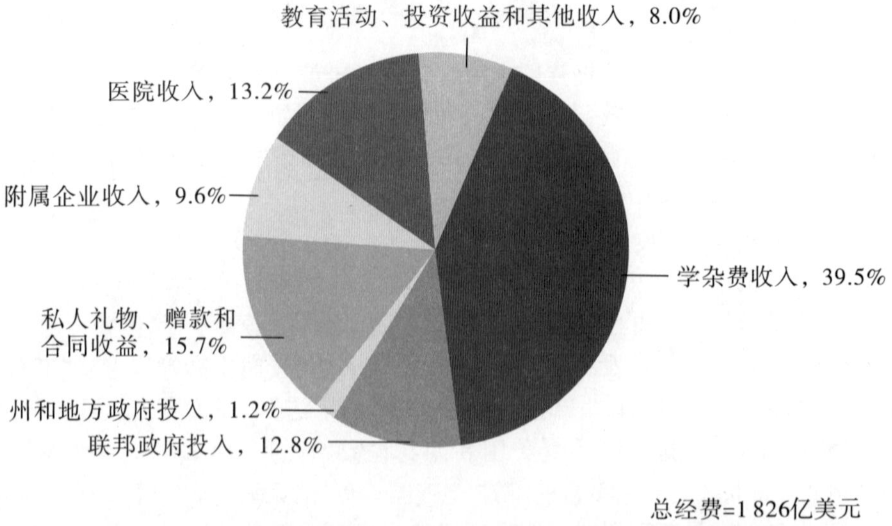

图 1-5　2015—2016 年度美国私立高等学校经费来源构成

政府的投入接近 50%，学费收入占 20% 多一点，其余 30% 都为高校捐赠、投资等收入；在私立高校中，学费收入占到接近 40%，捐赠占 15% 多一点。因此应该说，美国高等教育多元化经费来源的特征体现得较为明显。

图 1-6 显示了 2018—2019 年剑桥大学经费来源构成。可以看出，其国际考试委员会（Cambridge International Examination，CIE）以及出版社（Cambridge University Press，CUP）收入占剑桥大学总收入的 35%，研究经费占 26%，高等教育基金委员会拨款仅占 8%，因此其经费来源也体现出明显的多元化特点。

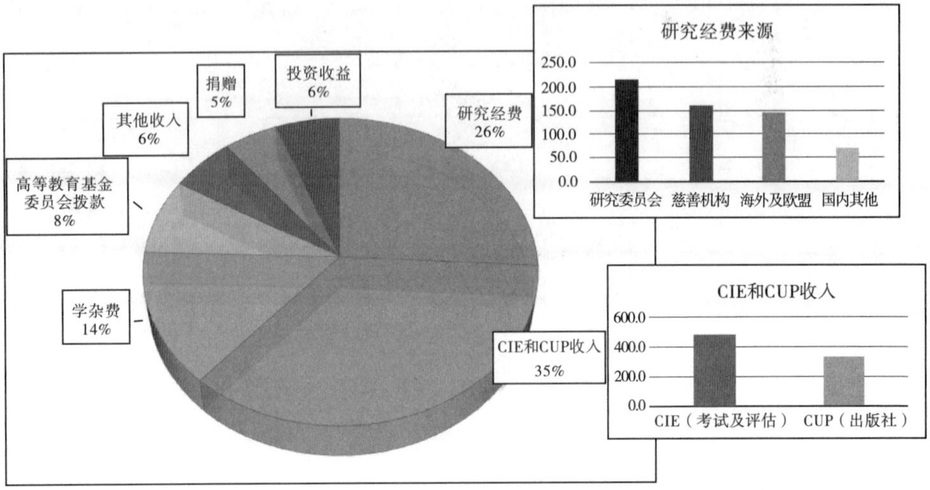

图 1-6　2018—2019 年剑桥大学经费来源构成

多元化经费来源在某种程度上能够避免经济波动对高等教育发展所产生的影响，能够保证高等教育发展的长期稳定性。正如哈佛大学校长德里克·博克所言："从来没有过哪一个真正伟大的大学体系能在一个高等教育经费来源相对单一的国度中诞生。"①

3. 拥有一批顶尖的世界一流大学

拥有一批世界一流大学和高水平大学是发达国家高等教育强大的显著标志。在当前最具权威的四大排名——英国国际高等教育咨询公司（Quacquarelli Symonds，QS）发布的 QS 世界大学排名、《泰晤士高等教育》（Times Higher Education，THE）发布的 THE 排名、上海交通大学发布的软科世界大学学术（ARWU）排名以及《美国新闻与世界报道》（U. S. News & World Report）发布的 U. S. News 排名中，美国、英国、德国等发达国家拥有世界一流大学的数量都占据非常明显的优势，且美国最为明显，居于各排名榜榜首（如表 1－2 所示）。从表 1－2 中可以看出，2020 年，在 QS、THE、ARWU 及 U. S. News 排行榜中前 100 名的大学中，美国分别拥有 29、40、41 和 42 所，英国分别为 18、11、8 和 11 所，远超过世界其他国家的数量，位居排行榜的前两名。

表 1－2　2020 年世界大学排行榜中排名前 100 的大学所在国家和地区分布

国家或地区	QS 排名	THE 排名	ARWU 排名	U. S. News 排名
美国	29	40	41	42
英国	18	11	8	11
德国	3	8	4	4
澳大利亚	7	6	7	8
中国内地	6	3	4	2
中国香港	5	3	0	1
日本	5	2	2	1
瑞士	3	4	5	4
加拿大	3	5	4	3

① 曲铭峰，龚放. 哈佛大学与当代高等教育：德里克·博克访谈录［J］. 高等教育研究，2011，32（10）：1－19.

续上表

国家或地区	QS 排名	THE 排名	ARWU 排名	U. S. News 排名
韩国	5	1	0	0
新加坡	2	2	3	2
法国	3	3	2	3

由此可知，拥有一批世界一流大学是十分重要的。这些世界一流大学是其高等教育长期发展的结果，哈佛、耶鲁、牛津、剑桥等世界一流大学都有着悠久的历史和长期的文化积淀，它们深刻影响着所在国家高等教育系统的整体发展，对世界高等教育也发挥着引领作用。在某种程度上也反映了其基础设施的优良状态。

4. 拥有一批具有国际影响力的学术大师

纵览人类文明史可以发现，发达国家高等教育在拥有一批世界一流大学的同时，也拥有一批具有国际影响力的学术大师，这些大师都站在所处时代知识发展的最前沿，因此也带动了所在大学和国家学术的发展。正如曾担任哈佛大学校长的柯南特所言："大学的荣誉不在它的校舍和人数，而在它一代代的教师质量，几乎可以说，谁能聚集世界一流的大师，谁就能办成世界一流的大学。"① 曾担任清华大学校长的梅贻琦先生也曾说过："所谓大学之大，非谓有大楼之谓也，有大师之谓也。"

从古至今，在大学任教的各个领域的大师不胜枚举。20 世纪以来，随着大学进一步成为学术中心，它更是吸引了大批各领域学者大师会聚于此。表 1－3 列出了 20 世纪以来在美、英、德、法等国大学任教的部分学术大师。

表 1－3　20 世纪部分曾任教于大学的各学科领域大师

国家	学科	大师代表	任教大学	主要成就
英国	哲学	伯特兰·罗素	剑桥大学	分析哲学的开创者
	数学	戈弗雷·哈罗德·哈代	牛津大学、剑桥大学	现代解析数论的开拓者
	物理学	欧内斯特·卢瑟福	剑桥大学、曼彻斯特大学	原子核物理学开创者
	经济学	约翰·梅纳德·凯恩斯	剑桥大学	宏观经济学之父

① 努力建设高水平中青年学科带头人队伍［J］. 中国高等教育，2000（9）：6.

续上表

国家	学科	大师代表	任教大学	主要成就
德国	物理学	马克斯·普朗克	柏林大学、基尔大学	量子力学的重要创始人之一
	物理学	阿尔伯特·爱因斯坦	柏林大学等	创立狭义和广义相对论，解释光电效应等
	数学	约翰·冯·诺依曼	哥廷根大学、柏林大学等	现代计算机、博弈论之父
	物理学	沃纳·卡尔·海森堡	柏林大学、哥廷根大学等	量子力学的创始人之一
法国	数学	亨利·庞加莱	巴黎大学	创立代数拓扑学
	物理学	保罗·朗之万	法兰西学院	电磁学和相对论等理论贡献者
	物理学	路易·维克多·德布罗意	巴黎大学	物质波理论的创立者，量子力学的奠基人之一
	数学	亨利·勒贝格	巴黎大学、法兰西学院	测度和积分理论的重要贡献者
美国	生物学	托马斯·亨特·摩尔根	霍普金斯大学、哥伦比亚大学、加州理工学院	遗传学之父，现代实验生物学奠基人
	化学	莱纳斯·卡尔·鲍林	加州理工学院	量子化学和结构生物学先驱者
	物理学	欧内斯特·劳伦斯	耶鲁大学、加州大学伯克利分校、麻省理工学院	回旋加速器的发明者
	物理学	恩利克·费米	哥伦比亚大学、芝加哥大学等	中子物理学开创者、原子能之父

这些大师在做出开创性贡献的同时，还吸引和培养了众多学生和学者，如罗素发现并影响了一代哲学奇才维特根斯坦；卢瑟福在卡文迪许实验室任职时悉心培养新人，使得这所实验室诞生了 14 个诺贝尔奖得主，其中 11 个是他的助手和学生。可以说，这些学术大师的存在，是高等教育系统本身具

有影响力和吸引力的结果，同时他们的存在也会对高等教育和学术发展有进一步推动作用，两者之间形成了相互促进的良性循环。

5. 制度建设上的依法自主办学

一方面，很多高等教育发达的国家通过法律明确大学的自治权利尤其是依法自主办学的法人地位。1819 年的达特茅斯学院案确立了美国私立学院和大学的自治权利，但即使是各州所创建的公立大学，其在法律上也拥有法人地位，因此，美国的大学基本上都是法人——董事会治理结构的依法自主办学，政府不直接干预大学。法国一直是国家教育体系，但从 20 世纪 80 年代开始，也在高等学校自主权方面进行改革，1984 年出台的《高等教育法》中明确规定："高等学校享有法人资格，在教学、科学、行政财务方面享有自主权。"日本从 20 世纪末开始掀起了大学法人化改革，并于 2003 年出台了《国立大学法人法》，国立大学成为具有独立法人资格的机构，在学校办学和运营等方面具有比以前更多的自主权。虽然 20 世纪以来，随着高等教育与社会联系程度的日益加深，高等学校的自主发展空间发生了很大变化，一些国际组织也尝试在现代社会背景下对大学自治的内涵及其范围进行界定，但高等学校依法自主办学的特征将不会消失。

另一方面，一些国家还通过保障学术人员的权益来保护大学的自治空间。如美国大学教授联合会（American Association of University Professors，简称 AAUP）在 1940 年发表了《学术自由与终身教职的原则声明》，在世界上首创了终身教职制度，为美国高校教师的学术工作提供了制度保障，这一制度一经确立，就被许多其他国家所效仿。英国则是从法律上明确了学术人员的学术自由，《1988 年教育改革法》指出，应"确保学术人员在法律允许的范围内，有对普遍接受的知识提出疑问并进行检查以及提出新观点和发表争论性的或不是流行的意见的自由"。法国 1968 年出台的《高等教育方向指导法》也规定："教师和科研人员在行使其教学职责和进行科研活动时，享有完全的独立性和充分的言论自由。"可见，这些发达国家高等教育都充分认识到了学术工作的特殊性，并力图从法律和制度上对其加以保护。

6. 能够传承和发展本国特色的大学文化

高等教育发达的国家一般都具有辨识度较高的、具有本国特色的大学文化。这些大学文化是这些国家高等教育理念的体现和反映，同时在与实践的交互作用中，大学文化又会成为大学的传统，积淀于其历史发展之中，并通过对传统的传承而维系着高等教育系统对本国大学文化的认同，以及在此基础上的弘扬和发展。因此，大学文化可折射出深藏于高等教育发展中的理念、传统、价值观以及特色，这也是不同的高等教育体系会体现出不同大学文化的原因。

美国的大学文化虽然很难用一句话来概括，但若说到通识教育文化，一定为许多美国高等学校所认可。从某种角度说，通识教育文化堪称美国大学文化的典型代表。通识教育的理念发源于西方的自由教育思想，但自从1828年《耶鲁报告》的发表以及此后提出“通识教育”概念以来，美国的通识教育就开始逐步显示出其自身的特色。尤其是在哈佛大学主导下的几次通识教育改革，更是在从通识教育目的到通识教育课程设置等全方位实践着通识教育的理念，同时也形成了美国大学中强调多学科融合、重视思维能力和价值观养成、塑造现代社会公民的通识教育文化和传统。

英国也有其独特的大学文化，最具代表性的就是其寄宿制学院文化。虽然当今英国的高等教育已经发生了很大的变化，寄宿制学院仅存在于一部分大学中，且除了古典大学，其他大学实施的是改良后的寄宿制学院制度[①]，但这种制度及其所蕴含的理念及文化至今对世界一些国家和地区仍然影响深刻。

7. 对世界其他国家的学生和学者具有很强的吸引力

一方面，发达国家高等教育凭借拥有众多世界一流大学和学术大师，对其他国家的学生和学者产生了强大的吸引力，成为世界各国学者和留学生的主要流入地。图1－7显示了1998—2017年部分国家高等学校留学生规模的变化趋势。可以看出，随着高等教育国际化的不断深入发展，一些发达国家

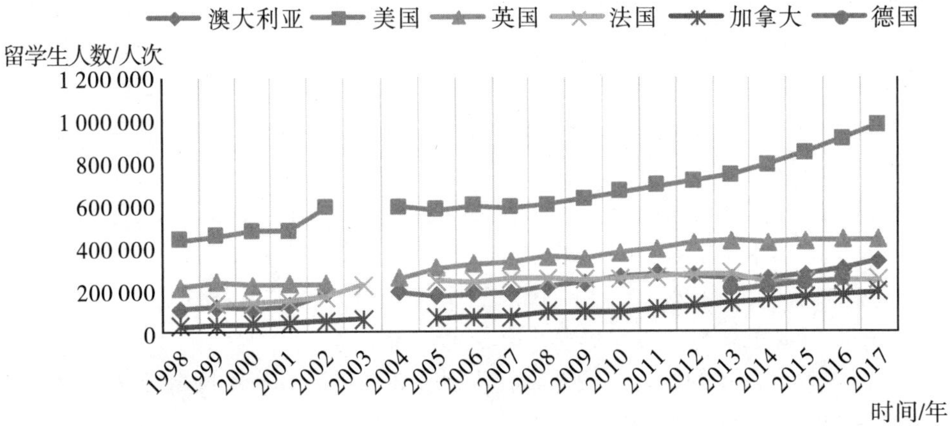

图1－7　1998—2017年部分国家高等学校留学生规模的比较

① 陈廷柱，段梦涵．变迁中的英国寄宿制学院及其对我国高校书院制改革的启示［J］．高等教育研究，2015，36（12）：97－103.

高等学校留学生规模呈不断增长趋势，其中，美国留学生规模远超世界其他国家，其留学生人数是第二大留学目的国——英国的近两倍。据统计，到2019年美国高校留学生人数在连续几年超过100万的基础上，达到了1 095 299人次的新高；美国高等学校留学生总数连续13年保持增长趋势。可以看出，其对世界各国学生的吸引力是非常大的。

另一方面，发达国家高等教育也吸引着世界各地的学者来此任教。据统计，2017—2018年度，英国共有87 000多名国际员工在高等教育机构中工作，即每5名员工中就有1名是国际员工。图1－8显示了英国高等教育机构中国际员工的情况，可以看出，国际员工占英国高等教育机构员工总数的20.5%；同时，在国际员工中，大约有3/4的国际员工从事学术工作，其中42%拥有研究和教学合同。

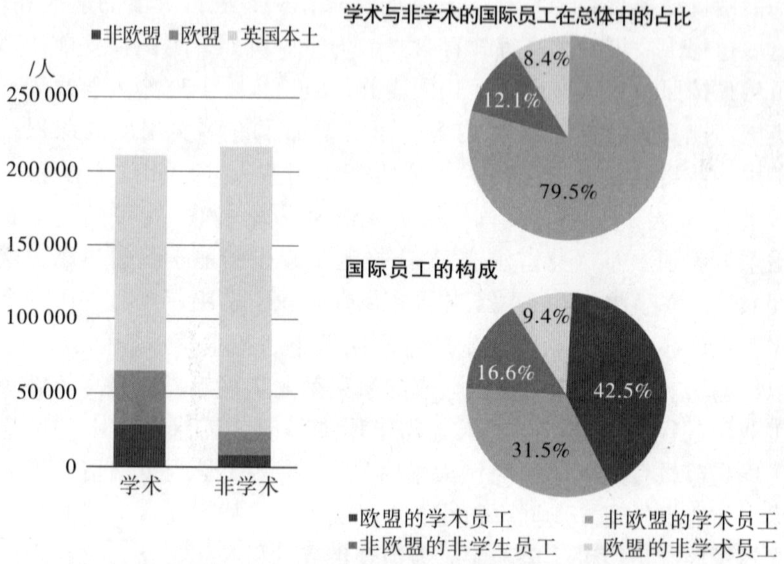

图1－8 2017—2018年度英国高等教育机构中职工国籍构成比例

美国的高等学校也吸引着世界各地的学者来此任教、学习。据统计，2018—2019学年，仅麻省理工学院就接待了来自99个国家的2 400多名国际学者和国际师资来此访学、任教、做研究等，占师资总数的33.6%。

因此，这些国家高等学校的国际化水平可以充分体现出其强大的影响力和吸引力。在QS和THE等世界大学排名指标体系中，都有对大学教师国际化水平的考察，其中，QS指标体系中“国际教师占教师总数的比例”这一指标权重被赋值5%，对其重视程度可见一斑；同时，在2020年QS世界大学排名中，排名前十的大学在教师国际化这一指标的得分均在95分以上，这也从一个侧面说明了世界一流大学一般都具有较高的师资国际化水平，说明这些一流大学能吸引到世界各地最优秀的学者来此任教，而这正是这些一流大学教学和科研水平得以保持世界领先地位的重要原因之一。

（二）满足需求能力维度

在满足需求能力维度方面，发达国家高等教育的特点主要表现在满足来自社会政治经济、利益相关者、社会文化三个方面的发展需要上。

1. 敏锐捕捉国家发展需求，并且提供有力支撑

美国高等教育的重要特点之一就是其高等教育系统为国家发展提供了有力支撑。与欧洲一些国家的高等教育系统不同，美国高等教育系统一直较为开放，更倾向于与社会保持一种紧密联系的状态，因而美国高等教育在不同时代都能敏锐地捕捉到国家社会发展的需求，从而进行灵活的适应和调整，并在这一过程中发展壮大高等教育自身的力量。例如，美国独立前，其9所大学虽然是按照英国古典大学模式创建的，但是实际上这些大学并没有完全依照英国情况只讲授古典课程内容，而是增加了许多实用性的课程；独立后，美国一些州成立了立足培养本地所需实用型人才的州立大学和市立大学；19世纪50年代以后，美国经济进入快速发展时期，为了满足工农业发展的需求，美国颁布《莫雷尔法案》，掀起了建设赠地学院的热潮，这些学院教授农学、军事战术和机械工艺等实用性知识，解决了当时美国社会经济生产中存在的生产工具简陋、生产者素质低下、技术落后等问题；19世纪末，以约翰斯·霍普金斯大学为代表的研究型大学兴起，这是高等教育针对社会工业化进程加快、研究型人才需求增加等时代需求所做出的回应；之后，美国高等教育进入"研究型大学时代"，这些大学为美国培养了大批科学技术人才，提供了一大批原创性的科研成果，为战后美国经济腾飞提供了强大支撑。因此可以说，美国能成为当今世界的科技、经济、文化中心，与其高等教育密切关注社会发展、不断满足社会发展需求是分不开的。

如果说美国高等教育系统适应社会发展是因为系统本身具有开放性的特点，那么，像英国这种保守性更强的高等教育系统，它是如何适应社会发展的需要呢？从英国高等教育发展的历史来看，它在不同时期都有不同类型的高等学校产生，而每一类高等学校的出现实际上就是当时国家发展需要的反映。如，18世纪，工业革命促进了英国工业的快速发展，急需大批掌握现代科学技术的人才，而牛津、剑桥等古典大学拒绝对这些现实需求做出回应，因此伦敦大学应运而生，设置实用性的课程，教授世俗科学知识，为国家培养所需要的人才；19世纪中叶，英国工业发展进入新的时期，对高技术人才

需求量急剧增加，于是积累了大量财富的各个工业城市在私人捐赠或市政府的支持下建立起了各自的城市学院，结合当地的需求培养实用型人才，这些城市学院后来也称“红砖大学”；二战后，针对科技人才匮乏的局面，英国积极发展高级技术学院，培养社会急需的应用型技术人才，1963 年发布了《罗宾斯报告》，将原来的高级技术学院升格为大学，同时建立 16 所新大学，新大学在教学组织安排和课程设置上强调文化与科学的融合，培养跨学科人才，服务于国家发展；1992 年，为了满足高等教育规模扩张的需求，尤其是满足低收入人群对高等教育的渴望，英国又建立了 50 多所新大学，加速了高等教育普及化的实现。

可见，英、美等国家的高等教育之所以强大，很大程度上是因为其能够随着社会的发展而不断调整变化，尤其是能敏锐地捕捉到国家发展的需要，并通过系统自身调整适应和满足这种需要，从而保持系统的生机和活力，并在国家的发展中占据越来越重要的地位。

2. 拥有多样化的高等教育机构，满足社会不同需求

这里主要介绍美国的情况。哈佛大学前校长博克在其《美国高等教育》一书中曾提到：“美国大学的多样性远远超过其他国家，它既有小规模的学院，又有大规模的大学；既有宗教学府，又有世俗学府；既有专为男性或女性开办的学院，又有男女同校的学院；既有公立大学，又有私立大学；既有专业学院，又有文理学院。种类之多，不胜枚举。”① 可以说，博克这段话很形象地描绘出了美国高等教育多样化特点及其表现。多样化有助于营造差异化竞争的环境，使各种类型的高等学校都有生存发展的空间；同时，多样化也是高等教育满足社会不同需求的关键所在。

美国卡内基高等教育机构分类可以更清楚地说明美国多样化高等教育系统的内部结构。根据卡内基高等教育委员会 2018 年发布的最新分类，美国高等学校分为 8 个大类 33 个子类，这些不同类型的高等教育机构的功能定位、学科分布、教育层次各异，不同维度相互交错，构成了多样化的美国高等教育体系（如表 1 – 4 所示）。图 1 – 9 显示了美国不同类型高等教育机构的占比情况。

需要特别说明的是，在美国还有专门的院校用于满足少数弱势群体的需求，如黑人学院（Historically Black Colleges and Universities，HBCU），主要招收非洲裔学生群体，目前共有 109 所，主要集中在美国南部，多数为公立院校；西班牙裔学院（Hispanic – Serving Institutions，HSI）主要招收西班牙

---

① 博克. 美国高等教育［M］. 乔佳义，译. 北京：北京师范大学出版社，1991：13.

裔学生，每所学院中至少有 1/4 是西班牙裔本科生，目前共有 100 多所学校；部落学院（Tribal Colleges）主要由印第安人来管理，共有 20 所；女子学院（Women's Institutions）主要为私立，只招收女性学生，约有 75 所；此外，还有少量的男子学院。可以发现，这些学院为各种不同群体服务，满足了特殊的社会需求，为多元文化的美国社会稳定贡献了力量。

表 1－4　2018 年卡内基高等教育机构分类及其分类标准

大类	标准	子类	具体指标
博士学位授予大学（Doctoral Universities）	每年授予博士学位≥20 个，且 NSF 报告的研究支出≥500 万美元[1]；或每年至少有两个专业点授予的博士专业学位之和≥30 个[2]	R1（Doctoral Universities – Very high research activity）	（1）满足标准 1；（2）研究活动指标[3]：①总体水平；②人均水平；两项都高
		R2（Doctoral Universities – High research activity）	（1）满足标准 1；（2）只有一项研究活动指标较高
		D/PU（Doctoral/Professional Universities）	满足标准 2
硕士学位授予院校（Master's Colleges & Universities）	50 个硕士学位≤每年授予学位＜20 个博士学位[4]	较大项目型（Larger Programs）	硕士学位≥200 个
		中等项目型（Medium Programs）	100≤硕士学位≤199
		小项目型（Small Programs）	（1）99 个≤硕士学位≤50 个；或者（2）硕士学位＜50 个，且只招收专业学位研究生；或以招收专业研究生为主或授予专业研究生学位多于学士学位
学士学位授予院校（Baccalaureate Colleges）	学士及以上学位≥授予学位总数的 50%；且学位授予＜50 个硕士学位或 20 个博士学位[5]	文理集中型（Arts & Sciences Focus）	至少 50% 的学士学位专业[6]为文理专业
		多科型（Diverse Fields）	不包括“文理集中型”的其他院校

续上表

大类	标准	子类	具体指标
学士/副学士学位授予院校（Baccalaureate/Associate's Colleges）	至少有 1 个本科专业；且授予学位 >50 个副学士学位[7]	学士/副学士混合型（Mixed Baccalaureate/Associate's）	学士学位超过学位总数的 10%；或副学士学位不足学位总数的 90%
		副学士主导型（Associate's Dominant）	学士学位不足总学位总数的 10%；或副学士学位超过学位总数的 90%
副学士学位授予院校（Associate's Colleges）	1. 根据学位授予的学科分布和学生种族来源两个因素划分： （1）学科分布具有：学分转换型、职业和技能型以及两者混合型 3 种； （2）学生种族来源具有传统型（即以白人为主）、非传统型和混合型 3 种。 2. 将学科分布的 3 种情况与学生种族来源的 3 种情况相互交叉，形成 3×3 共 9 个子类	高转学—高传统（High Transfer-High Traditional）	
		高转学—传统与非传统混合型（High Transfer-Mixed Traditional/Nontraditional）	
		高非传统型（High Transfer-High Nontraditional）	
		转学/职业技术混合—高传统（Mixed Transfer/Career & Technical-High Traditional）	
		转学/职业技术混合—传统/非传统混合（Mixed Transfer/Career & Technical-Mixed Traditional/Nontraditional）	

续上表

大类	标准	子类	具体指标
副学士学位授予院校（Associate's Colleges）		转学/职业技术混合—高非传统（Mixed Transfer/Career & Technical-High Nontraditional）	
		高职业技术—高传统型（High Career & Technical-High Traditional）	
		高职业技术—传统与非传统混合型（High Career & Technical-Mixed Traditional/Nontraditional）	
		高职业技术—高非传统型（High Career & Technical-High Nontraditional）	
2年制专业学院（Special Focus Two-Year Institutions）	授予学位的学科领域集中在某一学科及其相关领域，包含本科和研究生。其中： 1. 75%及以上的学位只在一个领域[8]； 2. 70%～74%的学位只在一个领域，且其他学位的学科领域不超过2个； 3. 60%～69%的学位只在一个领域，且其他学位的学科领域不超过1个	卫生健康专业类（Health Professions）	
		科技专业类（Technical Professions）	
		艺术设计类（Arts & Design）	
		其他领域（Other Fields）	

续上表

大类	标准	子类	具体指标
4年制专业学院（Special Focus Four-Year Institutions）	同“2年制专业学院”	宗教型学院（Faith-Related Institutions）	
		医学院（Medical Schools & Centers）	
		其他卫生健康专业学院（Other Health Professions Schools）	
		工学院（Engineering Schools）	
		其他技术学院（Other Technology-Related Schools）	
		工商管理学院（Business & Management Schools）	
		艺术音乐和设计学院（Arts, Music & Design Schools）	
		法学院（Law Schools）	
		其他专业学院（Other）	
部落学院（Tribal Colleges）	加入美国印第安高等教育联盟的学院		

注：[1] 2018年卡内基高等教育分类结果是基于2016—2017年的数据计算；

[2][4][5][7] 不包括专业学院和部落学院；

[3] 研究活动水平主要考察：研发支出（包括科学和工程领域、非科学和工程领域）、科学和工程领域的教师数、博士授予数；

[6] 包括双学位；

[8] 不包括文理学科（Liberal Arts & Sciences）、通识教育或人文学科（General Studies or Humanities）。

资料来源：根据卡内基高等教育机构官网内容整理。

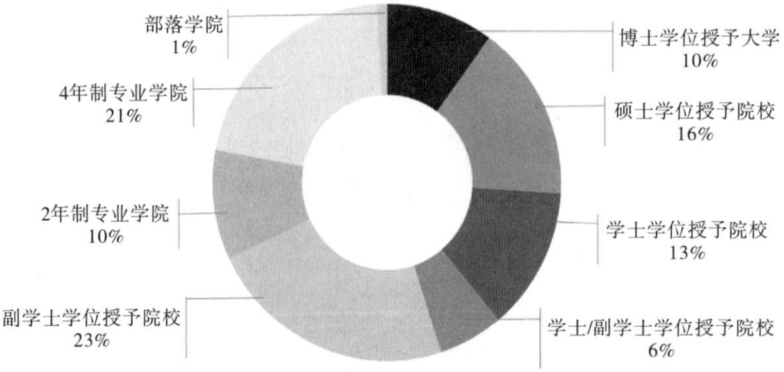

图 1－9　基于卡内基高等教育机构分类的美国高等教育机构构成

3. 在提升公民整体素质和社会文明程度中发挥重要作用

以往的公民教育主要是指基础教育，但随着高等教育规模的扩大和普及化程度的提高，高等教育从培养少数精英和专门人才发展为大众化甚至普及化教育，这使得它在整个社会公民素质提升以及社会文明程度提高中发挥着越来越重要的作用。图 1－10 显示了一些高等教育发达的国家接受高等教育的人口所占比重的变化情况。由此可以看出，自 1990 年以来，除了澳大利亚，美、英、法、德等国 25～64 岁人口中接受高等教育人口所占比例均呈持续上升趋势，且大部分国家高于 OECD 国家的均值。

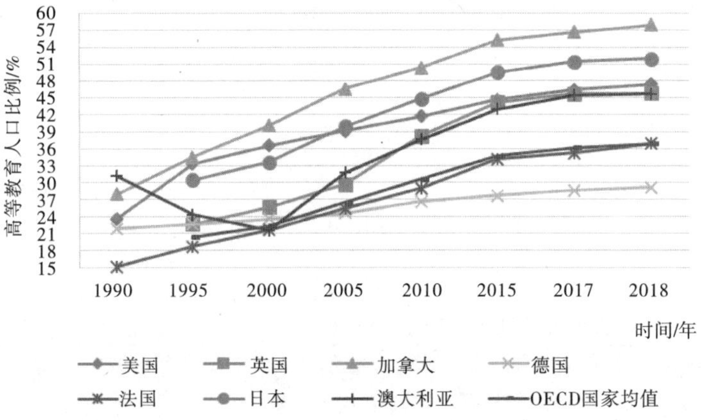

图 1－10　1990—2018 年部分国家 25～64 岁接受高等教育人口所占比重[①]

① OECD. Adult education level [EB/OL]. (2020－03－29). https://data.oecd.org/eduatt/adult－education－level.htm. 由于部分数据缺失，德国、法国 1990 年数据用 1991 年的替代，日本、英国 1995 年数据用 1997 年替代。

同时，随着教育水平的提高，接受不同层次教育的人口在就业中的表现也不同。图 1－11 显示了 2018 年部分国家 25～64 岁人口的失业率情况，可以看出，随着教育层次的提高，人口的失业率在下降，接受高等教育人口的失业率比接受高中及以下教育人口的失业率要低很多。这说明高等教育在提升劳动力素质、促进人们生活改善、促进社会文明发展等方面具有非常重要的作用。

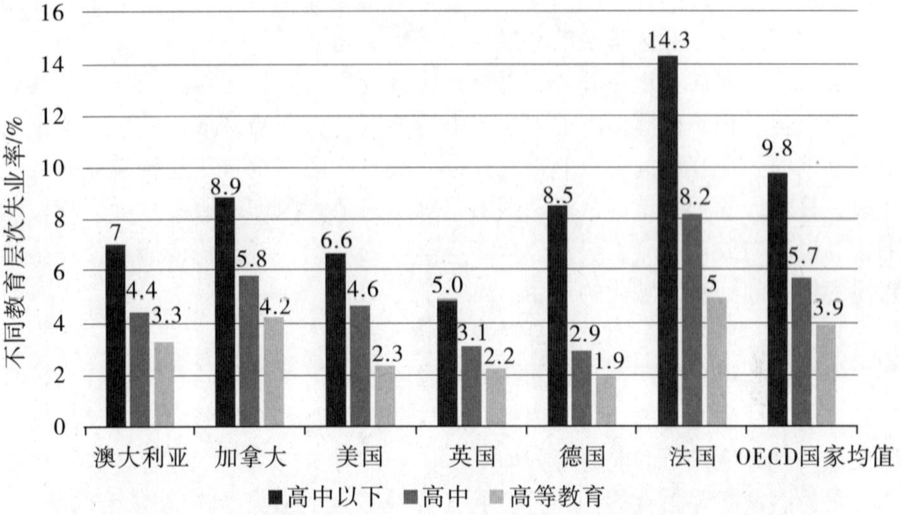

图 1－11　2018 年部分国家 25～64 岁接受不同层次教育人口失业率对比

正因为高等教育在社会发展中的重要作用，很多高等教育发达国家非常重视发挥这一作用，这些国家的高等学校通过各种形式提升公民素养，促进社会文明发展。主要体现在以下三方面。

首先，拓展教育服务，面向社会传授知识。早在 19 世纪，剑桥大学就发起过大学推广运动，为普通市民开设校外扩展课程教育；芝加哥大学校长哈珀一直致力于促进大学与社会的联系，率先在芝加哥大学设立了推广教育部，以讲座课程、函授课程、图书出版等多种形式向社会公众传播知识；日本早稻田大学从 1981 年开始举办市民讲座，每年约 1 400 多场，参加讲座人数达 3 万多人，成为日本最大的市民讲座，到 2011 年，日本开设公开讲座的大学达 94. 3%，开设讲座 28 817 个，平均每所大学举办讲座 42. 6 次，听讲人数达 1 169 849 人。[①]

---

① 黄仪庄，吴锦程. 日本大学公开讲座的特点及启示［J］. 当代继续教育，2014，32（4）：70－73.

其次，依托高校人才资源为社会直接提供服务。如提出“直接为社会服务”的美国威斯康星大学，非常重视鼓励教师为社会提供专家服务，学校会指派教授到农村、工厂和商店进行指导，查理斯·范海斯校长曾形象地指出“教授的皮靴上不能不带有牛粪”①。美国的社区学院更是高等学校履行为社会服务职能的榜样和代表，它早已成为社区居民生活中不可或缺的部分。社区学院不仅为社会居民开设实用性课程，如汽车维修、饮食等，以提高居民的职业从业能力，还开设读、写、算等普通文化课程以及音乐、美术等休闲文化课程。总之，社区学院已经融入社区生活当中。

最后，面向社会积极开放图书馆、体育场所、博物馆等高等学校公共资源。英、美、日、德等国家的大学图书馆均向社会公众开放，其中，英国大学图书馆向公众开放的历史非常悠久，一般大学图书馆自从建校起就向社会开放；日本大学图书馆通过流动图书馆等形式最大限度地服务社会。高校图书馆等设施向公众开放，成为公众终身学习的场所，对文化传播和公民整体素质的提升起到潜移默化的作用。

4. 与产业界联系紧密，科研成果快速转化

作为科技第一生产力、人才第一资源和创新第一动力的重要结合点，高等教育满足社会需要的能力还体现在它与产业界联系的紧密程度以及高校科研成果转化为生产力的能力等方面。

发达国家高等教育的一个重要特点是高校与产业界保持着紧密的联系。世界经济论坛每年出版的《全球竞争力报告》会对各国产学研合作情况进行专门的考察，图 1－12 显示了部分国家在这一指标上的得分情况（满分为 7 分）。可以看出，高等教育发达国家在产学研合作方面得分普遍较高，其中，瑞士最高，美国居第二，然后是英国和德国。2017 年泰晤士报发布的全球大学排名中关于“全球 25 所与创新企业合作最紧密大学”这项内容，美国大学入围 14 所，超过半数；荷兰大学入围 4 所；英国、法国、加拿大、日本、中国和比利时各有一所大学入围。可见，无论是从国家竞争力角度还是从大学排行角度，大学与产业界的联系程度已经成为当今社会评价大学的重要指标。

① 李克. 美国大学精神的特色及启示［J］. 教育评论，2009（2）：152－153.

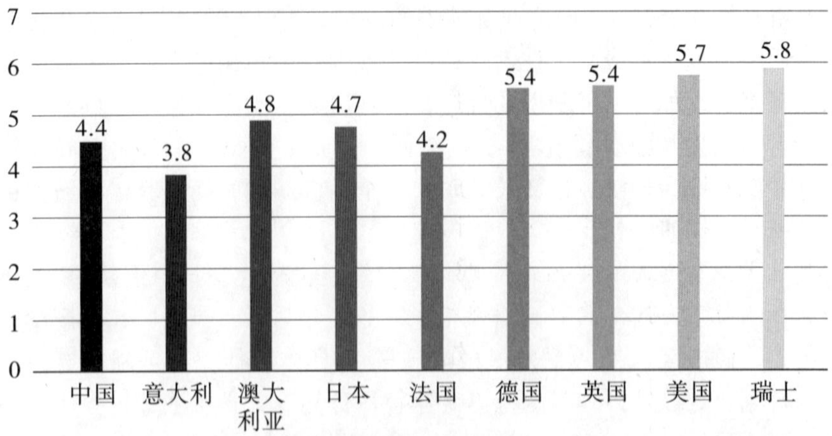

图 1－12　2018 年《全球竞争力报告》中部分国家产学研得分情况

美国是产学研合作发展较好的国家，在实践中形成了多种产学研合作模式，如科技工业园模式、企业孵化器模式、专利许可和技术转让模式、产业—大学合作研究中心及工程研究中心模式等。①② 大学与产业相结合，一方面，可以促进大学科研成果的快速转化，提升产业的科技含量，创造更大价值；另一方面，工业企业中的实际问题也会为大学科研注入生机和活力，从而提高大学的科研水平。在这方面，最有代表性的是美国的硅谷，它以斯坦福等大学为中心，开创了美国研究型大学科学研究与工业企业相结合的先河，并发展为美国的高新科技产业中心。2018 年，硅谷地区总就业人数达 1 703 228人，总产值超过 7 000 亿美元，专利注册达 19 386 项，诞生在这里的苹果、惠普等跨国公司年销售收入均超过百亿美元。除硅谷外，美国还有依托杜克大学等 3 所著名大学的北卡罗来纳州“科研三角区”，依托哈佛大学与麻省理工学院的波士顿郊外“128 号公路区”等著名的科技工业园。这些科技园的成功经验极大地推进了美国大学的产学研合作，尤其是 20 世纪 80 年代旨在促进科研成果转化的《贝多法案》颁布后，美国大学与产业的合作更加紧密，自 1980 年《贝多法案》实施到 2006 年，美国大学新创高技术衍生公司共 5 724 家，2006 年依托大学成立的新衍生公司达 553 家，大学

① 刘力．美国产学研合作模式及成功经验［J］．教育发展研究，2006（7）：16－22.

② 蓝晓霞．美国产学研协同创新的主要模式、特点及启示［J］．中国高教研究，2014（4）：50－53.

专利审批量达 3 255 项，向产业部门签约许可量 4 963 项。[①] 今天，美国几乎所有的研究型大学都成立了技术转移办公室等管理机构，它们与产业保持着紧密的联系，正如有学者所说的那样，美国研究型大学在推动美国全球创新领导地位方面发挥了关键作用，事实上，把研究型大学作为美国的秘密武器，几乎已经成为经济和创新政策圈的一个信仰问题，而这其中最重要的创新途径就是产学研合作。

英国大学与产业的联系起步晚，起初发展也较为缓慢，但从 1987 年发表《走向合作：高等教育—政府—工业》这一报告后，英国掀起了产学研合作的浪潮，政府采取了一系列促进措施[②③]，具体包括：一是制定专门产学研合作计划，如联系计划、法拉第伙伴合作计划、大学挑战计划等。二是对大学科研成果转化给予资金支持，出台“知识转移伙伴计划”，设立专项“知识转移资金”，并在各大学成立“技术转移办公室”。三是构建区域技术交流网络，为科研工作者、投资者、合作者的信息沟通搭建桥梁，其中最成功的是伦敦技术网络（LTN）。四是推进科技园、创业产业群、高新技术开发区、技术孵化器等多种形式的产学研合作形式。目前，英国拥有 100 多个科学园区和 300 多个企业孵化器，其中剑桥科技园是最成功的科学园区之一，年均 GDP 增长率达 6.3%，远远高于英国平均水平，到 20 世纪初，剑桥科技园 GDP 占全英国 GDP 的 15.8%，入驻高科技企业达 1 600 余家，被称为英国的硅谷。[④] 五是促进人才交流与合作培养，鼓励企业在高校建立实验室并邀请高校研究人员加入。通过这一系列措施，英国高校与产业界的联系日益紧密，科技成果转化为生产力的速度得到较大提升。

（三）创新引领能力维度

在创新引领能力维度方面，发达国家高等教育的特点主要在制度环境、经济发展、科学研究、教育模式方面表现为原始创新、可仿效的高等教育模式和培养高质量人才。

---

① 徐辉. 美国大学技术转移中的困境：《贝多法案》及其启示［J］. 比较教育研究，2008，30（12）：28－32.

② 许惠英. 英国产学研合作的经验与教训［J］. 中国科技产业，2010（11）：70－72.

③ 程如烟，黄军英. 英国产学研合作的经验、教训及对我国的启示［J］. 科技管理研究，2007（9）：40－42.

④ 马兰，郭胜伟. 英国硅沼：剑桥科技园的发展与启示［J］. 科技进步与对策，2004（4）：46－48.

1. 直接或间接产生一批原创性的科研成果，引领社会发展

很多学者都研究过国家科技发展与高等教育发展之间的关系问题。日本学者汤浅光朝提出了世界科学中心转移理论，美国学者本·戴维在20世纪70年代提出了高等教育中心转移理论，并认为世界科学中心和高等教育中心存在着高度的关联性。① 人类社会历史发展也证明了这一点，科学技术作为推动人类社会发展的重要源动力之一，在历次工业革命中都扮演着重要角色，英、法、德、美等发达国家无一不是依靠抓住科技发展的重大机遇而成功崛起。而在科技发展的过程中，高等学校一直发挥着关键作用，这种作用在20世纪以来表现得尤其明显。

图1－13显示了美国学者巴尔琴在《影响人类历史进程的100位科学家》一书中所收录的科学家国别情况，这些科学家以其原创性科研成果对人类的发展产生了深远的影响。可以发现，在19世纪有着重要影响的科学家中，来自英国的科学家数量最多，美国仅有2名，但英、法、德、美等国差距不大；到20世纪，在有着重要影响的34名科学家中，来自美国的科学家达到13人，占总数的38.2%，远超其他国家。美国是20世纪公认的高等教育发达的国家，应该说这些科学家及其原创成果的出现与其高等教育的发展水平是密切相关的，只有高等教育整体发展水平高，拥有众多站在科学前沿的学者大师以及卓越的人才培养能力，原创性科研成果才有产生的土壤和条件。

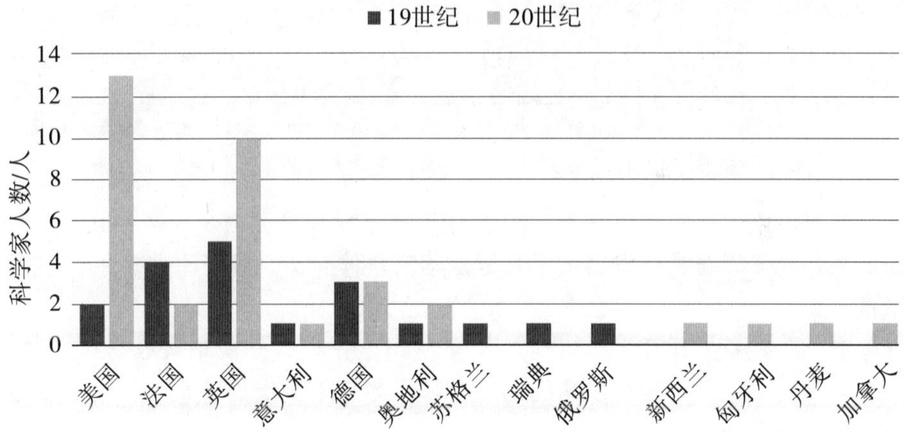

图1－13　19世纪与20世纪影响人类进程的科学家国别分布对比②

① JOSEPH B D. Centers of learning: Britain, France, Germany, United States [M]. New York: McGraw－Hill Book Company, 1977: 1.

② 陈婷婷. 创新与崛起：美国成为世界高等教育中心的过程研究［D］. 杭州：浙江师范大学，2016：59，61.

诺贝尔奖作为显示原创性科研成果重要指标，备受世人关注。同样，诺贝尔奖获得者的国家分布也体现了高等教育水平与原创性科研成果之间的内在关系。图 1－14 显示了诺贝尔奖自设立以来一些国家的获奖情况。可以看出，获奖人数最多的前三位国家分别是美国、英国和德国，而这三个国家也是 17 世纪以来的世界高等教育强大国家。若从获奖人所属大学的角度分析可以看出，在获奖人数排名前十的大学中，美国占了 8 所，英国占了 2 所；其中，哈佛大学获奖人数最多，为 162 名，剑桥大学获奖人数排第二，为 121 名，这两所大学均为世界一流大学的代表。从获奖时间来看，美国在 1945 年二战结束之前，获得诺贝尔奖的人数仅为 28 人，明显少于德国和英国；而在二战结束后，美国以压倒性的优势占据领先地位。①

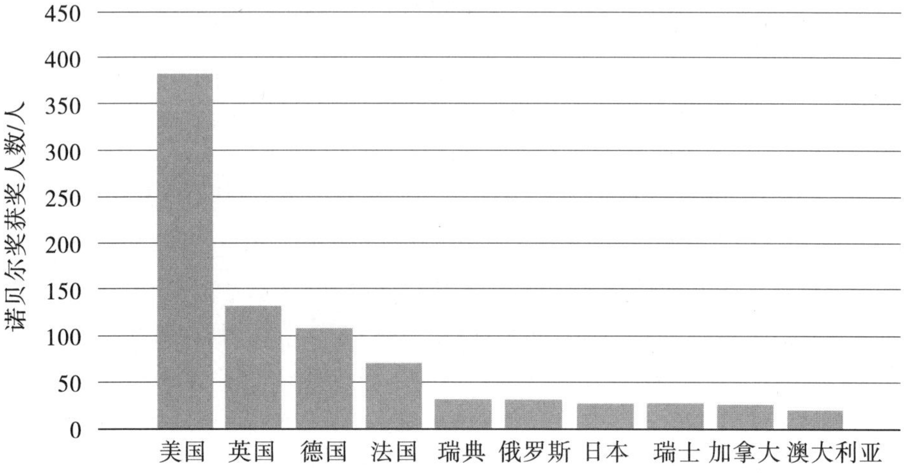

图 1－14　1901—2019 年诺贝尔奖获奖人数前十名国家②

通过以上的分析可以看出，20 世纪以来，尤其是在当今社会，原创性科研成果与高等教育整体发展水平甚至是国家整体实力之间具有紧密的内在关联性。

2. 形成具有本国特色的高等教育模式，并被其他国家所效仿

纵观历史上高等教育发达的国家，都在各自不同历史背景下，形成了各具特色的高等教育发展模式，并广受他国效仿。

（1）英国的自由教育模式。

英国高等教育历史悠久，拥有牛津、剑桥这样的古老中世纪大学。在英国的高等教育历史发展中，产生过很多创新的理念和制度举措，但若说对其

---

①② 根据诺贝尔基金官方网站历年获奖情况整理而成。

他国家影响最深远的高等教育模式，莫过于其自由教育模式。首先，自由教育模式是一种培养“全人”的教育模式，它重视培养人的道德、品质、人格、思维能力等，反对实用性的高等教育目的；其次，自由教育模式是一种广博知识的教育，重视具有永恒意义和价值的知识传授，反对实用性和专门化知识；最后，自由教育模式是一种精英教育模式，因为它所培养的“绅士”本身就是精英人才，同时与自由教育模式相伴出现的寄宿制、学院制、导师制等都需要建立在较小教育规模也就是精英教育基础之上。尽管在今天看来，自由教育模式已显现出诸多不适应性，但它曾深刻地影响了世界高等教育尤其是美国高等教育的发展，今天美国的通识教育模式为很多国家所效仿，但其根源是英国的自由教育模式。当今中国香港、台湾地区的“全人”教育理念、书院制等也都与自由教育模式有很深的渊源。

（2）德国的经典大学模式。

19 世纪是德国文化发展进程中的辉煌时期，出现了很多划时代的哲学家、文学家、艺术家等，同时，其浓厚的人文思想氛围也催生出新的大学理念，并在此基础上形成了以柏林大学为代表的经典大学模式。首先，德国的经典大学模式将大学理念推向了巅峰，完善了包含教学自由和学习自由在内的学术自由理念，明确提出了基于理想主义的国家大学观，认为国家应从长远利益出发保护大学的学术自由，大学不应为现实所束缚；其次，德国的经典大学模式将教学和研究有机地结合在大学之中，第一次确立了科学及其研究在大学中的合法地位，并通过由“由科学而达致修养”肯定了科学及研究的教育价值；最后，德国的经典大学模式倡导了一种象牙塔式的学术生活方式，学者应秉持寂寞和自由的理念专心进行研究，大学是热爱学问的学者的聚集地，教师和学生可以通过各种方式平等地研讨问题。德国的经典大学模式一经产生便掀起了世界性的高等教育改革，美国、英国、日本等国家纷纷效仿德国模式，我国民国时期的大学也深受德国模式影响，正如有些学者所言，“德国模式横扫整个欧洲以及欧洲以外的地区”①。

（3）美国的多元化发展模式。

自 20 世纪以来，美国高等教育独领风骚，其高等教育的很多做法都被世界各国所效仿。概括地说，美国高等教育模式最突出的特点就是其多元化，这主要表现在以下三个方面。一是高等教育机构的多元化，从前面对卡内基高等教育机构分类的分析中可以看出，美国高等教育机构无论在规模

---

① 吕埃格．欧洲大学史：第 3 卷：19 世纪和 20 世纪早期的大学［M］．张斌贤，杨克瑞，译．保定：河北大学出版社，2013：58.

上，还是在学位授予、培养目的、开设课程等方面都体现着多元化的特点，而且高等学校都能安于自身的定位和类型，以办出特色为目标，不盲目模仿名校模式。二是高等教育努力满足多元化的社会需求，对于个体发展而言，多元化使高等教育能够从学生的实际情况出发，为不同资质和能力的学生提供更多机遇；对于社会不同利益群体而言，多元化的高等教育扩大了教育的受众范围，通过各种教育形式，实现社会阶层流动和地位提升，保证了不同群体的政治诉求；对于经济发展而言，多元化的高等教育机构能使不同的市场需求得以充分满足；对于高等教育自身而言，多元化使得高等教育系统更加灵活，使其能够迅速回应社会变化，降低风险成本。① 三是高等教育管理模式的多元化，美国的联邦政府对高等学校没有直接的管理权，而各州由于情况存在差异，因此对高等教育的管理也表现出多样化的特点，同时，广泛存在的私立高等学校的情况更是千差万别。概括地说，美国高等教育分为公立（Public）高校、私立非营利性（Private for non－profit）高校和私立营利性（Private for profit）高校三种类型。公立高校主要由州政府举办，它包括社区学院、州立学院和研究型大学三个层次②；私立院校具有多重使命和结构，其中最负盛名的是常春藤高校和小型的文理学院；此外，还有隐形学院(Invisible Colleges)，这种学院资源非常有限、规模较小，部分学院隶属于宗教团体。克拉克·克尔曾总结美国高等教育的多元化特点是“在若干种意义上的多元：它有若干个目标，不是一个；它有若干个权力中心，不是一个：它为若干种顾客服务，不是一种。它不崇拜一个上帝：它不是单一的、统一的社群；它没有明显固定的顾客。它标志着许多真、善、美的幻想以及许多通向这些幻想的道路；它标志着权力的冲突，标志着为多种市场服务和关心大众”③。

3. 不断进行人才培养模式和制度的改革创新

人才培养是高等教育的核心。发达国家高等教育强大的原因之一，在于它能够根据社会的发展变化而不断改进对人才的培养，不断创新方法、制度

---

① HAZELKORN E. “Everyone Wants to Be Like Harvard”—Or Do They? Cherishing All Missions Equally［M］//CURAJ A, et al. European Higher Education at the Crossroads: Between the Bologna Process and National Reforms. Heidelberg: Springer Science Business Media, 2012: 837－862.

② TIERNEY W G, WARD J D. The Transformation of the System of Postsecondary Education in the United States［R］//Hamburg Transnational University Leaders Council. Responding to Massification: Differentiation in Postsecondary Education Worldwide, 2017: 155.

③ 克尔. 大学的功用［M］. 陈学飞，等译. 南昌：江西教育出版社，1993：96.

和模式，以提升人才培养的质量。在此侧重观察一下美国的情况。

美国从19世纪开始的通识教育改革是人才培养模式不断改革创新的一个典型案例。通识教育的理念来源于英国的自由教育，但无论是教育目的还是课程设置以及教学组织方式等，通识教育在自由教育的基础上都有了很大的发展。通识教育（General Education）一词最初于1829年在美国《北美评论》上首次公开使用①，此后逐渐得到美国教育界的认可。20世纪30年代初期，芝加哥大学校长哈钦斯大力推行以阅读名著为核心内容的通识教育模式，目的是培养人格健全的“有责任感的公民”，这比注重精英人才培养的自由教育更适用于现代社会对高等教育的要求。真正体现美国通识教育模式特点的是1945年哈佛大学发表的《自由社会中的通识教育》报告，它对美国通识教育的目的进行了系统阐述，指出要“培养学生的批判能力，让学生掌握所有领域的必要能力，培养学生的思考能力、交流能力、正确的判断能力以及具备判断不同价值观的能力等”，同时，“在此前提下，为他们将来接受专业教育或从事科学研究提供广泛的基础”②。20世纪50年代，哈佛大学形成了以核心课程为基本形式的通识教育模式，并影响了美国以及其他国家很多年。进入21世纪以来，哈佛大学继续对其通识教育进行改革，目前其通识教育课程分为八类：美学和解释学的理解、文化和信念、经验的和数学的推理、伦理的推理、生物系统的科学、物理宇宙的科学、全球的社会、世界中的美国，同时变核心课程模式为限制性选修模式，学生需要按照学校的规定，从以上八大类课程中各选修一定比例的学分课程进行学习。③

除了宏观的人才培养模式，在具体的教学方法、教学过程、教学管理制度等方面的变革也在持续进行。如果说19世纪以前大学最常用的教学方法有讲授与辩论，那么19世纪后大学的教学方法就变成了讲授和习明纳④。可以说，起源于德国大学后来传播到西方各国大学的习明纳是现代大学教学方法变革的开端。“习明纳的德文是Seminar，英文是seminar，即学生组成研讨小组，在教师指导下，就某个或某些专题展开研讨，以培养学生的分析能力与研究能力”⑤，“其目标不仅是传授已有的知识，而且要将学生引入科学工

---

① TOMAS R. The Search for a Common Learning: General Education 1800—1960 [M]. New York: McGraw - Hill, 1962: 11.

②③黄福涛. 美国大学的自由教育和通识教育是如何产生和变化的？[J]. 清华大学教育研究, 2018, 39 (6): 1 -9.

④⑤贺国庆，何振海. 成就完整的大学：习明纳的历史及现实意义 [J]. 教育研究, 2019, 40 (2): 41 -49.

作中；不仅传播知识本身，而且要传授如何获得知识的学问。”① 从这种意义上说，它是柏林大学教学与研究相结合理念的具体实现路径。

习明纳这种教学方法很快被传到美、英、法等国家。美国在这种教学方法的影响之下，师生关系更加平等，学生在学习中的主动性也得到了进一步彰显。在这种背景之下，为了进一步实现学生的学习自由，1869 年，哈佛大学校长艾略特主张试行选修课。他认为，长期以来所盛行的单一的必修课制度不利于美国大学生的进一步成长，对于学生而言，只有那些有助于培养他们个人特性的课程，才是最有价值的课程。② 选修制一经推出就得到了很多大学的推行，至今仍是世界各国高等学校的基本教学组织形式。

进入 21 世纪，发达国家高等教育的人才培养模式改革和创新仍在继续。“20 世纪 90 年代，互联网技术呈现爆发式增长趋势，计算机技术在教育领域扮演的角色由消极辅助者转换为积极参与者，蕴含着颠覆现有教育基础的巨大潜力，甚至可以成为传统教学方式的终结者与替代者。”③ 虽然此判断尚需进一步验证，但至少可以看到现代信息技术推动教育领域改革发展的巨大作用。以美国为代表的高等教育发达国家敏锐地意识到这种变化和机遇，将信息技术引入到高等教育领域，出现了 Coursera、Edx 等慕课（Massive Open Online Courses，简称 MOOC）平台，创造了微课、翻转课堂等教学形式，把高等学校的教学带入了 MOOC 的时代。

4. 重视学生的思维能力和创新能力培养

自由教育的思想萌芽于古希腊教育思想，在 17—18 世纪的英国得到全面发展，19 世纪产生于美国的通识教育与其一脉相承。自由教育的思想虽具有时代性和阶级性，但其中蕴含的一个理念至今未变，那就是高等教育并不只是要教给学生更高深的知识，它应该让学生学会判断和思考，应该把学生培养成为一个理性和富有智慧的人。

二战以后，世界格局发生改变，高等教育的作用凸显，因此各国对高等教育的发展都十分重视，出台了各种高等教育发展报告和战略报告，而且它们都无一例外地强调高等学校要着力培养学生的思维能力，如 1948 年美国总统委员会在所发布的《美国民主社会中的高等教育》报告中提出了 10 项通

---

① 包尔生. 德国大学与大学学习［M］. 张弛，郄海霞，耿益群，译. 北京：人民教育出版社，2009：211.

② 王保星. 选修制的实施与美国现代大学的成长［J］. 河北师范大学学报（教育科学版），2002（5）：55－60.

③ 哈伯. 慕课：人人可以上大学［M］. 刘春园，译. 北京：中国人民大学出版社，2015：41.

识教育的目标，其中一项就是“掌握并运用批判性、建设性思维的技能和习惯”①。

到了20世纪80年代，科技的发展引发了“知识爆炸”，人们越来越认识到，学生的思维和创造能力比学到什么知识更重要。1984年10月，美国高质量高等教育研究小组发布了《投身学习：发挥美国高等教育的潜力》的报告，认为高等学校应努力使“学生不但要成为知识的接受者，还要成为知识的探索者、创造者”；1987年，卡内基教学促进基金会发表了题为《学院：美国本科生教育的经验》的报告，再次呼吁大学改进教学方法，鼓励学生对学科知识进行探讨、发现，发展学生的智力和创造性；1991年，美国发布《国家教育目标报告》，明确要求学校“应培养大量具有较高批判性思维能力，能有效交流、会解决问题的学生”②。

到20世纪末21世纪初，科技进步深刻地影响着社会以及高等教育的发展，学生的思维和创新能力发展显得更加重要。1998年，美国博耶研究型大学本科教育委员会发表了《重构本科教育：美国研究型大学的蓝图》，报告进一步明确提出，“探索、调查、发现是大学的核心，大学里的每一个人都应该是发现者、学习者”③；同时，联合国教科文组织（UNESCO）也发布了《21世纪的高等教育：观念与行动》报告，它明确指出：“高校必须培养学生能够批判性思考和分析社会问题，寻求问题解决方案……使学生掌握在多元文化背景下必备的有效表达能力、创新和批判性分析能力、独立思考和团队合作能力”；2007年，美国联邦教育部制定了《21世纪技能框架》，其中，被置于21世纪技能结构图顶端的是“学习与创新能力”，它包括创造力和批判思维、问题解决能力、沟通交流能力和合作能力等。④

可见，在高等教育的历史演进、现实反思以及未来展望等各个时间维度上，学生的思维能力和创新能力培养都一直是被重点关注的问题。

综上所述，从历史和现实发展来看，发达国家高等教育在自身发展能

---

① 刘学东，袁靖宇．美国大学生批判性思维能力培养研究：以斯坦福大学为例［J］．高教探索，2018（9）：44－50.

② National Education Goals Panel. The National Education Goals Report［M］. Washington：U.S. Government Printion office，1991.

③ 博耶研究型大学本科生教育委员会．重建本科生教育：美国研究型大学发展蓝图［J］．教育参考资料，2000（19）：8－14.

④ National Research Council. A Framework for K－12 Science Education：Practices，Crosscutting Concepts，and Core Ideas［M］. Washington，D C：National Academics Press，2012.

力、满足社会需求能力和创新引领能力方面均有突出表现，这些表现一方面彰显着它们作为世界一流高等教育强国的特点，另一方面也体现着各自所独有的本国特色。因此，对他们特点特征的研究，可为进一步理解我国高等教育强国内涵、打造竞争力、构建我国高等教育强国评价标准体系都具有重要参考价值。

三、我国高等教育强国评价标准体系的构建

本书对高等教育强国的分析从多层面展开，并遵循研究逻辑和应用逻辑，力图将相关理论研究和应用研究有机结合起来。概括地说，对高等教育强国概念及其内涵的研究是基础，对其特征的研究是其概念、内涵及强国标准研究的重要来源，研究的目的是构建我国高等教育强国评价标准体系。以下我们将对这些研究之间的逻辑关系进行具体阐述。

（一）高等教育强国内涵、特征、标准及指标体系的逻辑关系

高等教育强国的内涵即为高等教育强国的质的规定性，是对高等教育强国所具有的本质特征和属性的高度概括，是抓住高等教育强国核心要义、认识其实质的工具。我们认为，高等教育强国的核心就是高等教育系统具有强大综合性的竞争力。由于高等教育强国是对国家整体高等教育系统综合性竞争力的描述，因此，在界定高等教育强国内涵时，就需要囊括高等教育系统的各个维度及外部相关因素。根据前面的研究，衡量高等教育系统综合性竞争力的特征维度包括自身发展能力、满足需要能力和创新引领能力。同时，不同维度还应包括不同要素，如衡量自身发展能力应该包括规模、结构、硬件、理念等。对高等教育强国特征的研究有助于我们反观和更深入地理解高等教育强国内涵，丰富关于高等教育强国内涵的理论认识。

高等教育强国的内涵及其特征是构建高等教育强国评价标准、指标体系和观测点的基础。其中，指标体系和观测点用于评价和测量，标准用于描述和说明。对于“标准”一词，学界有多种不同理解，概括起来主要有两种：一种理解认为，标准即为基准，这时标准的含义更为宏观、侧重定性；另一种理解认为，标准即为刻度，这时的标准是各个指标所能达到的不同水平及等级。本篇中我们对高等教育强国标准的理解取第一种理解含义，即“基准”，它是衡量和判断是否达到高等教育强国的依据，也是制定相关指标体系和观测点的基础。后面第二篇中监测指标体系的研究是在本篇研究基础上应用了刻度性评价标准，即第二种理解含义——“刻度”。两者是相互联系

的，前者指导后者，后者是从实际出发对前者的具体落实。

高等教育强国的评价标准体系是用以评价国家的高等教育系统是否达到了高等教育强国水平的具体指标，因此它应该尽可能全面地覆盖高等教育强国的特征，这些特征既包括量的规定性，也包括质的规定性；同时，作为指标，它应该尽可能地做到可观察，具有可操作性。高等教育强国监测的观测点是对评价标准体系的再分解，是标准体系的具体化和操作化，它应该具有关键性、可测量性、可比较性等特点。

综上所述，高等教育强国内涵、特征、标准、指标体系、观测点等方面的研究，从逻辑上是一个从理论性逐步实现操作化的过程；从应用上又是一个从实践性向理论性进行验证回归的过程（如图 1 – 15 所示）。之所以采用这样的研究设计，其目的是要将高等教育强国的研究推向深入。我们认为，仅有理论研究是不够的，当前我国高等教育强国建设已经进入到实质性推进阶段，必须在理论研究的基础上，提出对现实更有针对性和指导意义的研究成果，使相关研究能够真正在我国高等教育强国建设中发挥作用。

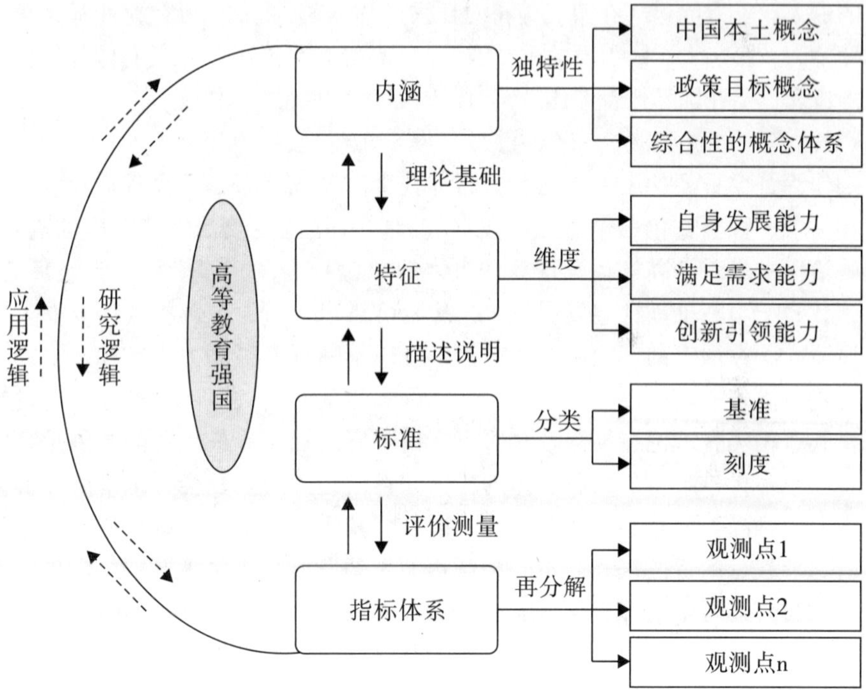

图 1 – 15　高等教育强国的内涵、特征、标准和指标体系之间的关系

（二）我国高等教育强国评价标准体系

此体系由高等教育强国自身发展能力、满足需要能力和创新引领能力三个特征维度构成。

1. 高等教育自身发展能力

一般来说，衡量国家高等教育自身发展能力至少包括七个要素。其中，规模结构是基本要素，规模能否持续增长、结构能否不断优化是关系到系统自身发展能力最基本和最主要的方面；经费投入、师资队伍、基础设施是关系到系统自身发展能力的“硬实力”因素，因为现代高等教育系统规模庞大，只有人、财、物资源充沛，利用效率高，才能夯实系统持续发展的基础；制度建设、理念文化是关系到系统自身发展能力的“软实力”因素，完善的制度设计和先进的理念文化是系统持续发展的有力保障和引领，要始终坚持中国共产党的领导。党的领导和中国特色社会主义制度是我国建设高等教育强国最根本最强大的领导力、组织力和保障力，是我国建设高等教育强国所具有的最大竞争力优势（在第三篇将对比展开深入阐述）；国际化是彰显系统国际竞争力、影响力、吸引力的重要因素，“高等教育强国”是具有国际比较意义的概念，要在国际舞台上比拼实力，国际化程度是集中体现。

2. 高等教育满足需求能力

作为社会重要的子系统之一，高等教育需要满足来自社会政治经济、利益相关者、社会文化三个方面的发展需要。一是满足政治经济发展的需要。从政治需求来看，高等教育培养的人才应该是社会的建设者而不是破坏者，应该致力于不断推动社会发展进步；从经济需求来看，高等教育培养的人才应该适应所在国家的产业和经济结构，应该不断提升劳动力素质和水平，为社会创造更多财富，改善人民生活。二是满足利益相关者的发展需要。近年来，利益相关者理论在高等教育研究中得到广泛运用，最主要的原因是高等教育已经不再是某个阶层和群体的特权，它已经渗透到社会各个阶层和群体当中，而且高等教育利益相关者共同担负了其运行成本，也就理所当然地拥有对高等教育问责的权利。不同利益相关者的发展需求是不同的，学生、家长等社会公众希望高等教育能够更好地实现公平和公正，希望不断扩大公众享有优质高等教育资源的机会，希望毕业生就业情况更好；用人单位则希望高等学校培养出更多满足其需要的人才。需要注意的是，高等教育利益相关者的发展需求会因国家和社会不同而有差异，需要结合本土情况进行具体分析。三是满足社会文化发展的需要。国家和民族的文化既需要通过教育进行保护和传承，也需要通过教育进行更新、塑造和发展；高等教育在保护和传承民族优秀传统文化、塑造和发展社会先进文化等方面都发挥了十分重要的作用。高等教育还应在提升公民文化素养、丰富人们精神生活等方面发挥作用。

3. 高等教育创新引领能力

高等教育创新引领能力主要体现在制度环境、经济发展、科学研究、教育模式四个方面。首先，制度环境是关键。高等教育发挥创新能力，需要能够引导和激发其创新能力的制度环境，尤其是吸引高水平人才的制度措施、科学的人才评价体系、有利于创新人才培养和发展的制度环境。其次，经济发展、科学研究和教育模式是高等教育系统创新引领能力发挥作用的三个主要领域。从经济发展来看，高等教育系统的创新引领能力主要体现在对国家传统产业的改造升级、形成新的产业增长点；从科学研究来看，高等教育系统的创新引领能力主要体现在知识生产能力提升上，尤其是原创成果和核心技术领域应跻身世界前列；从教育模式来看，高等教育系统能够形成既有本国特色又有国际示范效应的高等教育发展模式，并对其他国家产生辐射作用，其模式和做法被其他国家所效仿。

综上，形成了《我国高等教育强国评价标准体系》，见表1－5。此评价标准体系充分体现新发展理念，充分体现竞争力核心概念；有世界范围内高等教育普遍意义的内容，更有体现中国特色，扎根中国大地办大学的关键要点。

表1－5　我国高等教育强国评价标准体系

维度（一级指标）	要素（二级指标）	指标标准描述
自身发展能力	规模结构	规模保持持续合理增长与变化，结构不断调整优化
	经费投入	投入比较充足，来源多样，能够保持持续合理增长与变化
	师资队伍	师资数量充足、结构优化，教师水平不断提升，世界顶尖学者占比不断提升及合理变化
	基础设施	能满足人才培养需求，教育信息化水平不断提高
	制度建设	高校依法自主办学，充分体现中国共产党的领导，具有保障教育公平、学术诚信和人才培养质量的制度和措施，高校治理体系权责分明、不断完善
	理念文化	充分体现社会主义核心价值观，以先进高等教育理念为引领，立德树人，大学文化积极向上
	国际化	高等教育的国际化水平持续提升及合理变化，来华留学生和外籍教师比例持续合理提高及良好使用，人才培养能力和科研实力在国际竞争中位居前列

续上表

维度（一级指标）	要素（二级指标）	指标标准描述
满足需求能力	政治经济	培养人才的数量和质量能够满足社会需求，能够维护和推动社会的稳定和发展；高等教育结构与产业结构、经济结构相适应；劳动力素质不断提升
	利益相关者	保证高等教育的公平公正，不断满足公众对优质高等教育资源的需求，学生群体、社会人士和用人单位等对高等教育人才培养质量的满意度不断提高，毕业生就业情况良好
	社会文化	在保护和传承我国优秀传统文化、革命文化、社会主义先进文化中发挥重要作用，积极推动社会文化发展，不断提升公民的文化素养
创新引领能力	制度环境	具有吸引高水平人才的制度措施，具有科学的人才评价体系，制度环境建设有利于创新人才的培养和发展
	经济发展	高校科研成果在国家传统产业改造升级、形成新的产业生长点中发挥重要作用，高校科研对经济发展的贡献率高，产学研合作密切
	科学研究	高校科研经费持续增长，有促进知识创新的制度措施，拥有一批原创性科研成果，在国家战略发展重点领域拥有核心技术的自主知识产权
	教育模式	逐步形成具有我国特色的高等教育发展模式和路径，并辐射到其他国家，被其他国家效仿

总之，高等教育系统是一个复杂的整体，由众多要素以及它们之间的相互作用关系构成，因此，对高等教育强国的评价和判断也需要从整体出发，不能仅用某一方面的竞争优势去衡量和比较。高等教育只有自身发展到一定程度，并与社会其他子系统有效融合、相互适应、相互推动，才能成为在国际舞台上有综合性竞争力的高等教育系统，真正达到高等教育强国的水平。

第二篇
高等教育强国的监测指标体系研究

中国目前拥有世界上规模最大的高等教育体系，正处于由“高等教育大国”向“高等教育强国”转型的关键时期，亟待加强对高等教育强国建设目标和进程的监测评估，助推高等教育强国建设进程。构建高等教育强国监测指标体系是有效落实和开展高等教育强国监测的基础工作。所构建指标体系的科学性和合理性，关系到监测结果的有效性。由于“高等教育强国”是中国的本土政策目标概念，是否达到“强国”目标又必须在广泛的比较中找寻答案，为此，在构建高等教育强国监测指标体系时，既要立足中国国情及高等教育发展实际，也要借鉴世界发达国家高等教育监测评估的经验，还要充分考虑到国际比较、政策决策、民众认可和易于操作等方面的要求。

本篇承接前面高等教育强国的内涵及标准的研究，连接后面的实现路径研究，主要致力于研究高等教育强国监测指标体系，贯彻“创新、协调、绿色、开放、共享”新发展理念，以“竞争力”为抓手，通过高等教育强国监测指标体系的构建及初步运用，监测中国高等教育竞争力的现状与问题，反映高等教育强国的实现程度及中国高等教育在国际舞台上的地位，并尽可能提出相关建设性对策和建议。

一、构建高等教育强国监测指标体系的思路和要求

开展高等教育强国监测，需要经历一个从理论研讨、方案设计到实践操作的过程。通过反复筛选，寻求监测的内容与重点，形成匹配科学、操作性

强以及适应我国高等教育发展实情的监测指标体系，是开展监测的前提和工具。

（一）高等教育强国监测的基本思路

高等教育强国监测强调以数据为核心，依据所构想的高等教育强国建设目标，借助现代信息技术，对高等教育运行的总体状况及核心要点进行准确的状态描述、形势研判、趋势预测和问题诊断，及时发出预警，并持续提供政策调控方案。如有研究者指出，这一监测要求在认可专家评估专业性的同时，更加强调用数据说话，倡导数据采集的可靠性、数据处理的规范性、数据结果的客观性、数据呈现的直观性等①。这种监测能够突破传统教育评估周期长、成本高、效率低、主观性强、缺乏预警预测等局限性②，对高等教育的运行状态及发展趋势提供持续、公开、客观的数据监测和分析，以低成本、高效率的方式满足不同利益相关者对高等教育发展的关切，不断优化高等教育强国建设的工作方案，降低失误风险，提高建设效率。

在此需要特别指出的是，由于高等教育强国监测以客观数据为基础，突出数据在监测中的地位和作用，旨在通过对高等教育各类数据，尤其是第三方数据的挖掘和分析，直观、持续地呈现高等教育发展状态，进而实现对高等教育状态监测的常态化。因此，高等教育强国监测指标体系的指标框架和观测点受到客观量化数据的约束，难以反映第一篇中所提出的《我国高等教育强国评价标准体系》（表1－5）的所有内容，与其相比，高等教育强国监测指标体系更像其“数字化表征”。也就是说，本篇所研究的高等教育强国监测指标体系仅包含可以直接采集客观数据的量化要素，是评价标准体系中操作性较强的部分，而对于那些需要做出主观评价或难以测量的要素并不做收纳。

1. 制定高等教育强国监测指标体系

高等教育是一个复杂的多层结构系统，对建设高等教育强国的状况进行监测更是一项具有技术难度的工作。监测必须在一定的指标框架下进行，才能确定监测的具体内容和范围。课题组按照高等教育强国内涵特征（维度）（一级指标）—细化特征（要素）（二级指标）—监测点的设计思路，围绕高等教育竞争力这一核心要义，兼顾国际趋势和中国特色的要求，在参考现有理论研究成果、国内外有关竞争力评价和教育监测指标体系，同时还考虑到数据的可获得性、国际可比较性及对改革实践的指导意义等因素的基础

---

①②王战军．高等教育监测评估理论与方法［M］．北京：科学出版社，2017：12.

上，经过反复对比和筛选，制定出高等教育强国监测指标体系，最终确立了高等教育自身发展能力、满足需要能力和创新引领能力 3 个一级指标（维度），分别对应高等教育的“合规定性”“合需求性”和“合发展性”3 个层次，进而确定了 10 个二级指标（要素）和 36 个三级指标（监测点）。这些指标，在保证可测性和可比性的前提下，尽量照顾到全面性和本土化的要求。但由于监测的数据化特点，有些数据不全或难以获取权威数据的指标，尤其是一些体现高等教育“软”实力的指标，如“理念”“制度”“文化”“组织力”等，虽然在第一篇和第三篇中对其进行了阐述，却因为不可量化比较或存在难以量化比较，在监测过程中只能遗憾地暂时不纳入本篇研究范围。这一方面的不足，或许需要等到将来相关调研数据健全后再加以弥补。

2. 明确高等教育强国监测指标标准

没有具体的量化标准，监测就没有明确的依据和目标，无法通过比较来准确刻画高等教育强国建设在各指标上的表现。因此，监测指标体系确定后，需要为各指标赋予明确具体的标准，即为标准赋值（监测点目标值）。课题组通过多种信息手段，在大量收集、整理和比较世界高等教育发达国家相关指标数据的基础上，编制专家调查问卷，广泛征求教育专家、教育管理者和教育行政部门人员的意见（也有部分境外专家），集思广益，确定建设高等教育强国应达到的具体量化标准，作为高等教育强国监测的衡量刻度。为保证标准制定的合理性，本研究先后开展两轮专家调查，并召开两次专家研讨会，对标准赋值进行不断修订和完善。监测指标标准的制定是监测指标体系研发的重要一环，对数据的选取要求极高，无论是基础数据的获取还是专家对具体标准的选择，都尽可能做到准确、可靠。由于高等教育强国监测是目标性和过程性的统一，监测指标标准的赋值也不是固定不变的，在后续的研究过程中，还要根据高等教育强国建设进展情况及国外高等教育发展的状况进行必要的调整，以达到通过监测评估引领高等教育强国建设的目的，使监测评估发挥作用，而非简单量化的终极性评价。

本研究中确定的监测指标标准，是在比较世界高等教育相关数据的基础上，由专家结合中国国情和高等教育发展实际，制定出来的关于现阶段我国建设高等教育强国的标准。由于专家对所有数据的把握未必都非常精准，对标准的把握程度也有差异，所以专家对标准的选择或许会带有一定的随机性和主观色彩。关于这一点，本研究主要从三个方面努力加以完善：一是尽量提高被调查专家的匹配性，被调查专家基本上都是高等教育管理和研究领域的专家，多为全国层面及省级高等教育学会领导、大学校长及国内一流高等教育研究学者，对国内外高等教育发展的情况比较熟悉；二是尽量扩大调查样本量，先后邀请200多位专家（包括部分境外专家）参与调查；三是在调查基础上，进一步结合权威专家意见确定合适的标准。在专家调查过程中，课题组将前期国际比较研究成果一并提供给专家参考，使指标标准的选择有相对客观可靠的参照。

3. 确立高等教育强国监测指标权重

权重反映的是评估中各项指标相对于总体的重要程度或贡献度。高等教育强国监测需要将高等教育可量化部分尽可能全面反映在各项指标上，需要通过赋予不同的权重以区分各项指标的重要性，便于更明确建设高等教育强国把握的重点。通常确立权重的方法有层次分析法、因子分析法、模糊法、模糊层次分析法和专家评价法等。本研究将相对主观的专家评价法和较为客观的因子分析法结合起来，力求更科学地制定监测指标权重。先采用问卷调查法，广泛征求159位高等教育直接参与者的意见，包括高等教育行政和管理人员、教师及学生等。随后通过因子分析等量化计算方式，得出参考权重。最后再经专家研讨，对计算出的权重做微调，确定最终权重。

4. 运用监测指标体系进行实测并计算分析监测结果

监测指标体系研制完成后，其科学性、实用性尚待实践检验。监测指标体系也只有运用于实践，帮助高等教育强国监测顺利实现，才能凸显本研究的应用价值。因此，本研究进行试验性监测，尝试运用课题组研究的监测指标体系，对收集到的相关数据进行整理和挖掘，尽可能客观反映建设高等教育强国的现状和实现程度，分析建设的成效及现存的问题。

（二）构建高等教育强国监测指标体系的必要性与可行性

本课题研制的高等教育强国监测指标体系是立足于从国家层级监测评估高等教育系统达到高等教育强国标准或建设目标的程度，是实现高等教育强国监测的基础和关键环节，带有实验性和探索性。

1. 构建高等教育强国监测指标体系的必要性

（1）转化理论研究成果，为科学监测提供必要工具。

学界关于高等教育强国已积累了较为丰富的理论研究成果。本课题组也已从内涵、标准、路径等角度对高等教育强国建设进行了大量的研究，为高等教育强国监测指标体系的构建奠定了坚实的理论基础。要将所有这些理论研究成果充分吸收并有效落实到监测中，实现高等教育强国的科学监测，必须首先建立起监测的依据，即构建合理的监测指标体系，为后续的监测工作提供必要的工具。构建高等教育强国监测指标体系需把握三个重点：指标框架、监测标准和权重。它们前后紧密相连，互为支撑，是高等教育强国监测从理论研究转化到操作层面不可或缺的重要环节。完整的高等教育强国监测指标体系包含系统的指标框架、可执行的观测点、适切的标准以及科学的权重。指标框架尽可能系统反映和覆盖高等教育强国的内涵和特征，做到层次结构清晰合理。监测点是二级指标的再分解，通过它实现指标监测的具体化和操作化。适切的标准是对建设高等教育强国目标的合理体现，需要随着国内外高等教育的发展进行动态调整。标准可以有终极性的，也可以有阶段性的；可以有绝对的，也可以有相对的。科学的权重是对各监测指标在高等教育强国中的贡献度进行准确的认识和把握，可以通过多轮的专家调查法和客观量化计算获得。

（2）引领建设高等教育强国方向，提高建设效率。

构建高等教育强国监测指标体系是以推进高等教育强国建设为目的，要注重建设目标与过程的统一。指标框架中包含哪些具体指标，各指标又确立了怎样的标准、赋予了多少权重，本身对高等教育强国建设就有重要的导向作用，可以引导高等教育发展的方向和重点。运用高等教育监测指标体系对获得的高等教育信息数据进行处理和分析，得到相关状态描述和问题诊断，提出解决问题的对策，可以直接指导高等教育的建设方向，提高建设效率。

2. 构建高等教育强国监测指标体系的可行性

（1）相关研究基础丰实，为构建合理的指标框架奠定了良好的理论基础 。

监测作为促进建设高等教育强国自我改进的重要工具，能否为建设指引正确的方向，首先有赖于指标框架的科学性。在指标框架的设计上，通常可以采用两种方法。一是理论—要素分析法，主要是以某种理论为基础，对要素进行层层分析，生成相互关联的各项指标。另一种是目的—要素分析法，主要根据监测的目标和要求，围绕监测对象的价值观和价值选择，引导指标的设计。具体做法是“先从评价目的结构分析入手，认真分析评价目的所包含的各种因素，并将其全部罗列出来，再经过反复分析、筛选，最终提炼出能够反映目标体系的指标”①。两种方法均以要素分析为基础，只是分析的对象或出发点有所不同。在有些情境下，可以将两种方法结合使用，达到既严谨又针对性强的效果。对高等教育强国监测而言，最终目的是为建设高等教育强国服务，监测中要求突出竞争力的价值。因此，理想的指标框架应结合建设高等教育强国的目的，依据高等教育竞争力理论，对相关要素进行仔细

① 张安富，张忠家，等．中国高等教育质量与水平研究［M］．北京：高等教育出版社，2016：62.

分析和选择。

课题组已对高等教育强国内涵及特征进行了深入的研究，并对国际七大权威机构发布的有关竞争力报告和教育报告进行了系统的整理、分析和借鉴。在此基础上，围绕高等教育竞争力这一核心概念，将高等教育强国分解为高等教育自身发展能力、满足需要能力和创新引领能力三个表现维度，并在这三个维度上做了更进一步的要素分析及指标定性描述，表明高等教育强国在各要素上应当达到的目标或效果。该模型突出体现了高等教育的系统性特点，能够反映高等教育系统内外诸多变量以及互动关系，为构建高等教育强国监测指标体系提供了良好的理论基础。

（2）可获取性数据充足，为指标制定量化标准奠定了坚实的数据基础。

对高等教育强国进行监测在本质上是以数据为驱动的评估。监测所需的数据，通常具有密集的时间尺度和广杂的空间尺度，前者表现为数据采集频率高、周期短，后者表现为数据来源多样且结构复杂。对于高等教育强国监测指标体系而言，各指标在设定标准时，尤其是具体量化标准时，必定涉及海量数据的收集和处理。是否能够获得充足的数据，对制定指标的标准至关重要。

信息时代的到来促使高等教育系统内外有关高等教育的信息来源越来越广泛，数据量呈现出爆炸式增长之势。在高等教育问责氛围日益浓厚的背景下，各类数据开放共享程度越来越高，而且提高数据应用价值为高等教育发展服务的要求和行动也越来越多。对各种分散数据、原始数据进行加工整理，“通过清洗、集成、分析和挖掘，从数据中发现问题、特征、模式和规律，利用数据可视化技术揭示高等教育状态，使各类利益相关者能从不同维度和层次感知高等教育系统的发展动态”①。

本研究中，为保证监测数据的权威性和一致性，全部采用国内和国际权威机构和官方统计机构公布的数据，即第三方数据。这些数据包括：各国政府发布的有关社会、经济、人口、高等教育的各种权威统计数据；一些国际组织和专门机构，如联合国教科文组织、经济合作与发展组织、世界银行等收集并公布的各国教育的统计数据；各种权威学术数据库的数据、国际大学排行；等等。

（3）数种适切方法的综合运用，为保障监测指标体系的科学性奠定了必要的技术基础。

构建高等教育强国监测指标体系是一项技术性、专业性极强的工作。本

① 王战军. 高等教育监测评估理论与方法［M］. 北京：科学出版社，2017：12.

研究综合运用多种现代评估方法，为保障高等教育强国监测指标体系的科学性奠定了必要的方法基础，进而可以减少后续监测的盲目性，保障监测的效力。首先，为保障高等教育强国监测指标体系框架的严谨性，本研究围绕高等教育强国的内涵和特征，紧扣高等教育竞争力，采用层次分析法，将高等教育强国这一综合性较强的概念予以逐级具体化，对高等教育强国各表现要素做层层分解和筛选，最终建立起高等教育强国监测指标体系的整体构架。其次，为保障高等教育强国监测指标标准的合理性，开展了广泛的专家评议，对监测指标的具体标准及赋值予以多轮修订和完善。再次，为保障高等教育强国监测指标权重的客观性，采用问卷调查法，主要针对高等教育的主体——教育行政和管理人员、教师和学生等进行调查，将上述对象对于高等教育强国监测指标权重的意见收集起来，再通过因子分析等计量方式，计算出较为客观的权重。最后，为保障高等教育强国监测指标体系的最优化，本研究再通过专家访谈法，对前期未能解决或没有解决好的问题做进一步商讨，提出优化高等教育建设监测指标体系的方案，为提高高等教育强国监测质量提供新的思路。

（三）高等教育强国监测指标体系的基本要求

由第一篇的研究可知，“高等教育强国是指以竞争力为核心，具有较高自身发展水平，能够较好满足社会经济发展需要，展现较强创新引领能力，具有世界一流水平和本国特色的高等教育系统。”高等教育强国监测指标体系需要充分反映高等教育强国的这些内涵及本质特征。作为后发追赶型国家，我国高等教育强国监测指标体系应当具备以下三个基本要求。

1. 体现中国特色

构建高等教育强国监测指标体系是服务于我国高等教育强国建设，促进高等教育的内涵式发展，提高高等教育质量。监测指标体系在构建过程中，既要放眼世界，借鉴国外先进的知识和经验，与国际接轨，更要立足本国发展实际，勇于创新，体现中国特色。

（1）契合国家意志。

高等教育发展水平是一个国家发展水平和发展潜力的重要标志。作为后发追赶型国家，中国的高等教育领域还存在众多不平衡、不充分的问题需要去解决。高等教育强国建设作为现代化强国建设的重要组成部分，在短短20年内已上升为国家战略，受到一系列重要政策的推动，不断被提出新的要求。例如，《国家中长期教育改革和发展规划纲要（2010—2020年）》提出：“提高质量是高等教育发展的核心任务，是建设高等教育强国的基本要求。

到2020年，高等教育结构更加合理，特色更加鲜明，人才培养、科学研究和社会服务整体水平全面提升，建成一批国际知名、有特色、高水平的高等学校，若干所大学达到或接近世界一流大学水平，高等教育国际竞争力显著增强。”2015年10月，国务院发布《统筹推进世界一流大学和一流学科建设总体方案》，提出“统筹推进世界一流大学和一流学科建设，实现我国从高等教育大国到高等教育强国的历史性跨越……到本世纪中叶，一流大学和一流学科的数量和实力进入世界前列，基本建成高等教育强国”。党的十九大报告提出“建设教育强国是中华民族伟大复兴的基础工程，必须把教育事业放在优先位置，深化教育改革，加快教育现代化，办好人民满意的教育”①。在高等教育方面强调“加快一流大学和一流学科建设，实现高等教育内涵式发展”②。2019年初，中共中央、国务院印发《中国教育现代化2035》，提出“到2035年，总体实现教育现代化，迈入教育强国行列，推动我国成为学习大国、人力资源强国和人才强国”，在高等教育方面，实现“竞争力明显提升”的主要发展目标。这些重要的纲领性文件，体现了党和政府在中国特色社会主义进入新时代的关键时期，做强高等教育的强烈意愿，并对高等教育发展的重点做出明确的全面部署。高等教育强国监测指标体系必须充分体现这些政策主旨，把握国家发展高等教育的重点和方向，用以指导中国高等教育发展和改革实践。

（2）体现中国式发展理念。

理念是主体关于某一事物的理性认识、理想追求及其思想观念和哲学观点。科学的理念是认识主体对价值做出的正确判断，即对事物本质属性、核心使命和根本任务的理性看法，在把握事物基本规律的基础上，引导事物发展方向。高等教育强国战略要求做强中国高等教育，提高中国高等教育在世界高等教育体系中的竞争力，积极找寻并确立中国高等教育在世界高等教育体系中的身份和地位，直至发展为世界高等教育中心，为提升国家整体实力做出重要贡献。“高等教育强国究其本质集中于三点，即先进的高等教育理念、发达的高等教育系统和良好的外部适应能力。”③ 其中，先进的理念是高等教育改革和发展的先导，建设高等教育强国需要创新高等教育理念。历史

---

① 习近平．决胜全面建成小康社会 夺取新时代中国特色社会主义伟大胜利：在中国共产党第十九次全国代表大会上的报告［M］．北京：人民出版社，2017：45.

② 习近平．决胜全面建成小康社会 夺取新时代中国特色社会主义伟大胜利：在中国共产党第十九次全国代表大会上的报告［M］．北京：人民出版社，2017：46.

③ 建设高等教育强国发展战略研究课题组．建设高等教育强国［M］．北京：高等教育出版社，2016：79.

上高等教育强国的崛起、世界高等教育中心的转移都与高等教育理念的发展密切相关。理念创新需要在尊重高等教育内外部发展规律、大学办学规律和人才成长规律的基础上，坚持“内生与借鉴相结合”①，走多元化与特色化发展道路。在迎接新科技革命和建设高等教育强国的大背景下，特别是在建设“双一流”的进程中，高等教育监测指标体系需要借鉴国际先进监测评估理念，同时更需要结合中国高等教育发展实际，体现中国式发展理念，为我国高等教育强国监测提供更为适切的指导。

第一，遵循“创新、协调、绿色、开放、共享”的五大发展理念。“创新、协调、绿色、开放、共享”五大发展理念是党的十八届五中全会的重大贡献和突出亮点，其切中了我国发展中的突出矛盾和问题，是“十三五”时期及今后长时期我国发展思路、发展方向、发展着力点的集中体现，同样引领高等教育强国的建设方向。“建设高教强国‘中国模式’应以‘创新、协调、绿色、开放、共享’五大发展理念为内生驱动力，凸显高教强国发展模式的中国特色。”② 因此，高等教育强国监测指标体系需坚持创新发展能力导向、多方协调发展导向、可持续“绿色”发展导向、国际化双向发展导向和以人为本共享发展导向等，让五大发展理念发挥应有的导向性作用，提升我国高等教育竞争力。

第二，树立服务和改进的目的。高等教育强国监测是为了推进中国高等教育的发展，促进高等教育在不断改进中提高可持续发展能力，不仅要适应未来社会的发展，还要引领未来社会的发展。为此，监测指标体系要转变过去“合规定性”重“管理”的理念，牢固树立“合需要性”重“服务”促“改进”的目的观，完善此类指标的设计与规定。

（3）制定中国标准。

明确高等教育强国的内涵及特征是构建高等教育强国监测指标体系的前提。内涵及特征用于描述和说明高等教育强国的本质和属性，监测指标体系用于评价和测量高等教育强国建设的具体成效。不同国家或一个国家处于不同的发展阶段，对高等教育强国内涵及特征的理解必然存在差异，高等教育发展目标也会有相应的不同。构建中国高等教育强国监测指标体系，一定要根据中国高等教育强国建设的实际情况，按中国对高等教育强国内涵及特征的理解，针对中国高等教育阶段性发展目标，制定属于中国自己的标准。

---

① 建设高等教育强国发展战略研究课题组．建设高等教育强国［M］．北京：高等教育出版社，2016：156.

② 李北群，吴立保．建设高教强国的“中国模式”：时代价值、现实困境与实现路径［J］．江海学刊，2018（6）：229－234.

制定中国标准不代表排斥国际上的标准。我们始终坚持“吸收和借鉴人类社会创造的一切文明成果”。事实上，国际化标准仍是监测指标体系构建的重要基础，因为“高等教育改革与建设必须适应国际高等教育发展的新趋势，制定高等教育未来政策必须具有时间上的超前性和空间上的国际性”①。不断努力缩小与世界高等教育强国之间的差距，是中国高等教育强国的必由之路。以发达国家高等教育的发展水平为参照建立监测指标体系，进行国际间比较，才能准确反映中国高等教育在世界高等教育体系中所处的位置。

只有将本土化标准和国际上的标准相结合，关注标准的普遍性与特殊性、国际性与民族性，才能制定出既符合中国高等教育发展需求，又可为世界其他国家的高等教育改革提供借鉴的监测指标体系。正如有的研究者所言：“在遵循国际基本认同标准的同时，可以根据中国的高等教育实践和需要探索新的发展道路和目标，形成具有中国特色的指标，并对世界高等教育发展产生影响，引领高等教育强国的新方向。”②

（4）关注各利益相关者。

高等教育发展涉及多元主体，即各利益相关者，主要来自政府、高校和市场三个方向。不同利益相关者基于自身的责任、利益或兴趣，对高等教育发展有着不同的要求。高等教育强国监测，不仅要考虑各利益相关者以何种方式参与评估，还要注意协调利益相关者之间不同的诉求。从教育公平和以人为本的角度，关注各方的利益、价值和观点。中国教育改革和发展一再强调“人民满意”，要“办人民满意的教育”，既体现了党和政府的宗旨，又体现了对服务对象的承诺。高等教育强国监测指标体系应包含能够明确反映高等教育服务人民、满足人民高等教育需求程度的指标，通过人民的声音，真实反映高等教育质量，体现高等教育强国的建设成效。

2. 突出竞争力核心价值

由于高等教育发展的复杂性和动态性，高等教育强国监测指标体系必定是多维的。在制定我国高等教育强国监测指标体系时，可以围绕高等教育强国的内涵、特征与实现路径等，从规模、质量、结构、效益、理念、公平、国际化及其相互间的协调性入手；亦可以围绕高等教育的基本功能和主要职能，从高等教育在人才培养、科学研究、社会服务、文化传承创新等方面的贡献率和影响力进行；还可以围绕投入与产出，从建设高等教育强国必需的

---

① 张安富，张忠家，等. 中国高等教育质量与水平研究［M］. 北京：高等教育出版社，2016：前言Ⅲ.

② 李化树. 建设高等教育强国：美国实证研究［M］. 成都：西南交通大学出版社，2012：33.

条件和建设成果展开，如经费投入、师资队伍、信息化建设、现代化治理体系、一流大学和学科、专业建设、知识创新成果、人才培养数量及质量等。无论高等教育强国监测指标体系从哪些维度去制定，最终反映的是高等教育强国的核心价值所在——竞争力。高等教育强国，必定具备强大的高等教育竞争力，方可在国际舞台上开展有力竞争。

竞争力是一种综合能力，由多种要素及其之间的互动关系、相互作用构成。衡量一个国家是否为高等教育强国，有赖于反映高等教育竞争力的多种要素进行国际比较。通过系统的比较，能够准确认定不同国家之间在高等教育上存在的竞争力差异程度，尤其是认清自身的高等教育竞争力水平，明了高等教育现存的优势与不足，有助于合理规划高等教育强国建设，促进高等教育强国建设的科学决策与健康发展。高等教育竞争力是国家竞争力的重要组成部分，是国家竞争力提升的基础，直接关系到人才培养及科技创新的质量和水平。在高等教育强国监测指标体系中突出竞争力这一核心价值，就抓住了高等教育强国建设的本质，进而把握建设的方向，提高建设的绩效。

3. 注重目标与过程的统一

高等教育强国虽然是一个本土概念，但其有世界范围的普遍意义。建设高等教育强国通常以世界上高等教育最发达国家的高等教育状态作为参照目标，不断追求高等教育的发展和进步。在建设高等教育强国进程中，不同的发展阶段宜采取不同的发展战略，需要围绕高等教育强国的终极目标不断调整自身的阶段性发展目标。有研究表明，高等教育强国建设需经历三个发展阶段："第一个阶段是成为世界高等教育大国，拥有世界知名的高水平大学，这是建设高等教育强国的起点；第二个阶段为跻身高等教育发达国家行列，拥有若干所世界一流大学，这是高等教育强国建设的中期目标；第三个阶段是成为世界高等教育中心，拥有世界顶尖的大学群，这是高等教育强国建设要实现的终极目标。"① 简言之，高等教育强国建设是不断追赶和保持高等教育先进水平的过程，是目标及其实现过程的统一体。

高等教育强国监测是依据建设高等教育强国的目标对其实现程度进行及时、客观的评价。监测的目的不仅在于描述和裁判，更重要的是通过监测来加强问题诊断、发展预测和预警，指导决策，持续不断地促进高等教育发展。因此，相对于以往重视结果评价而言，本课题研究的高等教育强国监测对目标及过程均给予重要的关注，甚至可以说，相对于目标判断而言，推动

① 建设高等教育强国发展战略研究课题组. 建设高等教育强国［M］. 北京：高等教育出版社，2016：91.

建设高等教育强国的过程是更为重要的目的。

与建设高等教育强国相适应，高等教育强国监测指标体系一方面需要反映高等教育强国建设的阶段性目标，依据目标对相应的评价标准进行动态调整；另一方面也需要将影响建设高等教育强国的各项内外部因素进行系统地梳理和考虑，把握高等教育各发展阶段的重点，明辨高等教育发展中的问题，提供针对性强的有效对策，为建设高等教育强国的进程服务。

二、高等教育强国监测指标体系的整体构架与标准

（一）高等教育强国监测指标体系整体构架

当前，对高等教育强国的评价已经有了许多研究，但从提高高等教育竞争力角度来研究的并不是太多。本研究报告第一篇已提出“提升高等教育竞争力是建设高等教育强国的核心”。由此，课题组构建了高等教育强国监测指标体系整体构架。

1. 高等教育强国监测的评价维度与监测指标遴选遵循的原则

如何进行评价是高等教育强国研究中最基本的问题之一，国内许多学者对建设高等教育强国的评价体系开展过积极探索研究。丁三青认为高等教育强国必须具有世界公认性，其标准必须具有普世性。因此，高等教育强国的评价指标应包括：高等教育规模、高等教育结构、高等教育质量、高等教育投入和高等教育观念五个维度的指标。① 李立国、黄海军提出高等教育强国的评价指标分为高等教育规模、高等教育质量、高等教育投入、高等教育效能四个维度。② 杨卫安、王超从高等教育功能出发，提出高等教育强国建设的保障性指标、过程性指标和结果性指标三个评价维度。③ 徐宏毅，周群英按照建设高等教育强国的背景、投入、过程、结果的分析框架，构建了12个二级指标、32个三级指标的评价指标体系。④ 目前，有关对高等教育强国

---

① 丁三青. 关于中国高等教育强国指标体系的战略构思［J］. 煤炭高等教育，2009（1）：1-3.

② 李立国，黄海军. 迈向高等教育强国之路：我国距离世界高等教育强国还有多远［J］. 教书育人，2010（21）：120-123.

③ 杨卫安，王超. 从留学生教育看我国离高等教育强国有多远：兼谈对建立高等教育强国指标体系的一点设想［J］. 黑龙江高教研究，2011（1）：23-26.

④ 徐宏毅，周群英. 高等教育质量与水平评价指标体系构建：基于建设高等教育强国的视角［J］. 现代教育管理，2010（5）：43-46.

的评价研究，多从高等教育的结构、过程、产出和管理等维度进行探讨和分析，都是立足于高等教育自身发展的角度来评价高等教育发展状态的。在实践层面，由此形成的评价指标体系易于操作，能够在一定程度上反映出我国高等教育发展的现状。在综合已有的高等教育强国评价体系研究基础上，本课题围绕高等教育强国的核心是高等教育竞争力这一主线，将高等教育竞争力置于特定的环境系统中来评价，兼顾高等教育所受到外部环境的影响以及对外部环境发挥的积极作用。高等教育竞争力是国家创新能力的重要组成部分，作为外部环境的国家创新能力水平对高等教育竞争力产生直接的影响。此外，高等教育竞争力的提升，离不开外部政策环境的支持，尤其是制度支持和国家吸引人才能力支持。所以，在评价建设高等教育强国时，在逻辑思路上既要考虑到高等教育自身的竞争力，还要考虑到高等教育与外部环境的互动能力。本课题组选择从高等教育自身发展能力、高等教育满足需要能力和高等教育创新引领能力三个维度设计了《我国高等教育强国评价标准体系》（表1－5），并在此基础上构建我国高等教育强国的监测指标体系。

在高等教育强国监测指标遴选原则上，应遵循科学性与客观性原则、系统性与全面性原则、可行性与操作性原则、国际化与本土化原则、引领性与动态性原则。

2. 高等教育强国监测模型

高等教育强国监测指标体系是对高等教育强国实现程度的评价，是在一定的逻辑框架下进行的。课题组认为高等教育强国的评价逻辑就是要将内外部影响因素进行综合判断，而不是简单地考虑高等教育自身系统的投入、过程与产出。基于本课题的综合性研究，课题组构建了以高等教育竞争力为核心的高等教育强国监测模型（如图2－1所示）。

建设高等教育强国监测的三个维度体现出高等教育在三个方面的竞争力，即高等教育自身发展能力、高等教育满足需要能力和高等教育创新引领能力。此内容已在第一篇进行了详细研究，在此不再赘述。

3. 高等教育强国监测指标体系整体架构

高等教育强国监测指标体系与评价指标体系密切相关又有所不同。后者是系统描述高等教育强国所包含的所有要素，用以对高等教育强国的整体性评价。因此，它应该尽可能全面地覆盖高等教育强国的特征，这些特征既包

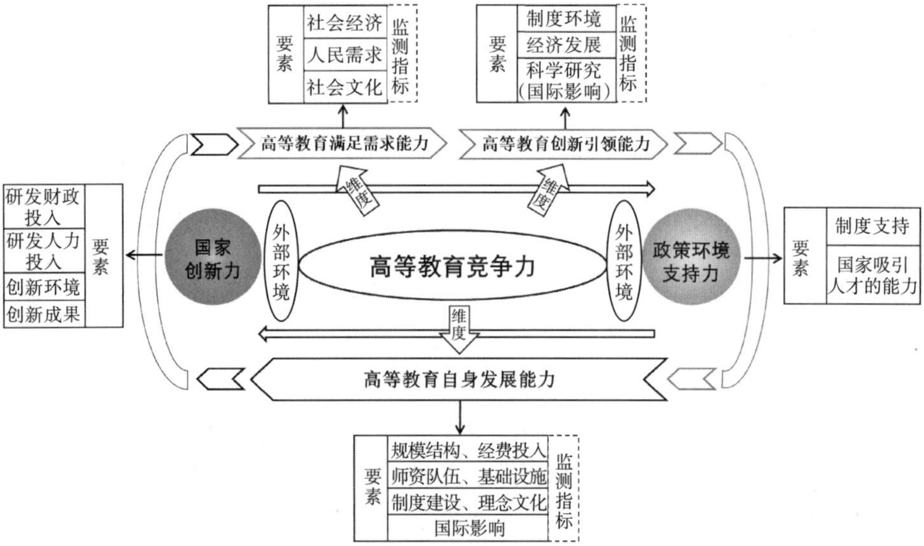

图 2－1　高等教育强国监测模型图

括量的规定性，也包括质的规定性；既包含显性的、易观察的方面，又包含隐性的、难以测量的方面；既有经济投入、入学规模等可直接比较的硬指标，也有理念、制度、文化等软指标。前者只反映评价标准体系中可以直接采集客观、量化数据的要素，对需要做出主观评价的要素尚未纳入本监测指标体系中。《我国高等教育强国监测指标体系整体架构》（如表 2－1 所示），主要包括 3 个一级指标、10 个二级指标、36 个三级指标（监测点）。

表 2－1　我国高等教育强国监测指标体系整体架构

一级指标	二级指标	三级指标	指标性质
1. 高等教育自身发展能力	（1）规模与结构	高等教育毛入学率	相对；状态；综合；定量
		每千人中在校大学生人数	相对；状态；综合；定量
		研究生占在校生比例	相对；状态；综合；定量
		博士生占在校生比例	相对；状态；综合；定量
	（2）国际化	来华留学生占本国学生比例	相对；状态；综合；定量
		来华国际生占全球国际生比例	相对；状态；综合；定量
		国际合作发表的研究论文比例	相对；状态；综合；定量
	（3）国际排名	国际大学排名	相对；状态；综合；定量
		国际学科排名	相对；状态；综合；定量

续上表

一级指标	二级指标	三级指标	指标性质
1. 高等教育自身发展能力	（4）经费投入	公共高等教育经费占 GDP 比例	相对；状态；综合；定量
		非公共高等教育经费占 GDP 比例	相对；状态；综合；定量
		高校生均教育经费占人均 GDP 的比例	相对；状态；综合；定量
		高校研发经费占 GDP 的比例	相对；状态；综合；定量
	（5）师资队伍	具有博士学位教师比例	相对；状态；综合；定量
		生师比	相对；状态；综合；定量
		外籍教师占专任教师比例	相对；状态；综合；定量
		国际奖项获得者人数	总量；状态；综合；定量
		教师薪酬指数	相对；状态；综合；定量
	（6）信息化	教育信息化投入比	相对；状态；综合；定量
		校均互联网接入带宽	总量；状态；综合；定量
		高校的网站规模	总量；状态；综合；定量
		校均在线开放课程数	总量；状态；综合；定量
		在线开放课程共享与应用效果	总量；效果；综合；定量
2. 高等教育满足需求能力	（7）满足产业需求	就业人员中接受高等教育的比例	相对；状态；综合；定量
		25 ~ 34 岁人口中新的博士毕业生比例	相对；状态；综合；定量
		每万名就业人员中从事研发活动人员数	相对；状态；综合；定量
	（8）人民满意	毕业生满意度	相对；状态；综合；定量
		毕业生质量的雇主评价	相对；状态；综合；定量
		高等教育质量的社会评价	相对；状态；综合；定量
3. 高等教育创新引领能力	（9）技术创新	师均技术转让收入	相对；状态；综合；定量
		师均专利授权数	相对；状态；综合；定量
		高校与企业合作进行研发的密切程度	总量；状态；综合；定量

续上表

一级指标	二级指标	三级指标	指标性质
3. 高等教育创新引领能力	（10）科学研究	*Nature*、*Science*、*Cell* 论文数	总量；状态；综合；定量
		师均 SCI、SSCI 论文数	相对；状态；综合；定量
		师均 EI 论文数	相对；状态；综合；定量
		高被引论文数	总量；状态；综合；定量

4.《我国高等教育强国监测指标体系整体架构》二级指标内涵解读

（1）高等教育自身发展能力的二级指标解读。

第一，规模与结构。人口统计上的特征是评价一个国家的教育水平时不可忽视的要素，自然也是评价高等教育的要素之一。高等教育的毛入学率及其规模受高中教育的毛入学率的直接影响，因为学生能进入高等院校学习是建立在完成高中教育的基础之上的。透过高等教育毛入学率不难看出一个国家教育事业建设的进程和目前取得的实际效果。硕博研究生比例反映了人才培养一定的结构情况。

第二，国际化和国际排名。通过了解高等教育的国际交流和互动情况及国际排名，可以明确高等教育的国际竞争力。想要准确把握高等教育发展的国际参与度不仅需要掌握来华留学生占本国学生比例，而且要掌握来华国际生占全球国际生比例，以及国际合作发表的研究论文比例。大学和学科排名是观察高等教育实力的重要角度。

第三，经费投入。只有教育财政投入比例合理，才能保障教育的合理发展。高等教育的水平会在很大程度上受到政府对高等教育资源投入以及分配方式的影响。政府对教育重视程度主要可以通过公共教育经费占 GDP 的比例来衡量，具体而言，能够反映政府对于高等教育事业的资源投入最明显的就是高校生均经费占人均 GDP 的比例，其反映了国家拿出多少财力支持高等教育发展。高等教育强国应当有强有力的国家教育保障体系，只有资源配置充足、合理，高等教育强国建设目标才有望得以实现。教育投入的多元化、办学层次结构的多元化是高等教育强国的共同特征之一。发达国家通常把政府和市场两个方面的力量融合起来，形成各层级各类高等教育的财政运营机制。建设高等教育强国，政府要加大对高等教育经费投入，建立以政府投入为主，学校设立基金，接受社会捐赠，以及收取学费等多渠道筹措经费的机制。社会各种力量和个人直接用于高等教育的年度总费用也是观测高等教育质量的一个重要指标，可以通过“非公共高等教育经费占 GDP 比例”来体现。而研发的投入力度可以通过“高校研发经费占 GDP 的比例”来体现。

第四，师资队伍。师资队伍是高等教育系统的核心要素，其中生师比是高等教育发展的关键。外籍教师占专任教师的比例与高等教育国际化进程息息相关，外籍教师占比较低会影响高等教育国际化的进程。目前，中国拥有的“具有国际影响力的教师”有限，大学教师在国际上知名度和话语权不大。衡量教师国际影响力的标准主要体现在国际奖项获得者人数，其能不能在全球顶尖的学术期刊上发表有影响力的文章，有没有在国际性的学术组织中担任职务，有没有主持国际性学术研讨会的经历等等。对于高校教师队伍可持续发展能力主要通过“教师薪酬指数”来体现。

第五，信息化。信息化是当前高等教育发展的重要支撑条件，以此为基础才能建设一个有国际影响力的高等教育强国。高质量的硬件建设将有利于促进高等教育的发展。教育信息化投入比反映了信息化设备资产值与固定资产值的比值。通过校均互联网接入带宽、高校的网站规模反映国家或地区信息化基础设施状况。“校均在线开放课程数”以及“在线开放课程共享与应用效果”体现高等教育中运用和融合现代信息技术的水平。

（2）高等教育满足需求能力的二级指标解读。

第一，满足产业需求。国家产业结构的升级需要依靠高等教育输送的高质量人才支持，教产研形成协同共生式的发展。高等教育系统与社会其他子系统之间协同互动的质量，是建设高等教育强国的重要内容。高等教育应培养满足产业需求的高质量人才，可以从“就业人员中接受高等教育的比例”和“25～34岁人口中新的博士毕业生比例”两个方面进行监测。

尽管我国研发人员数量位列世界前列，但仅看这一指标并不合理。高等教育强国需要就业人员中从事研发的占比及科研水平，均位于全球科学研究的前列。作为全球科技创新和进步的主要引领者，应该不间断地产生各种新技术、新成果。故通过“每万名就业人员中从事研发活动人员数”能够直观反映出高等教育服务产业能力。

第二，人民满意。高等教育的优劣由广大人民的评价来决定。首先，要了解毕业生对于高校的满意度。专业的学习、就业预期与毕业生满意度都存在诸多联系。就业和专业契合度能够充分体现出资源的优化配置。作为高等院校，应进一步培养对社会有用的人才。优化教学资源配置，高校要不断加强就业指导、职业生涯规划，将其与专业学习有效结合起来。如果毕业生满意度高，则可以有效激发大学生的内在潜力，努力完成目标，最终实现自己的人生理想。其次是毕业生质量的雇主评价。雇主对毕业生质量的评价，有利于促进高等教育专业结构与就业结构的进一步契合，提升满足需求的能力。最后是高等教育质量的社会评价。社会评价有利于引导社会人士参与到高等教育建设中，为社会监督高等教育发展提供信息来源；有利于评判高等教育质量，为高等教育满足社会需要程度做出准确的价值判断。

（3）高等教育创新引领能力的二级指标解读。

第一，技术创新。国家的强盛需要科学技术的发展，科学技术发展的关键在于创新。建设创新型国家离不开高校参与。这里主要包括技术创新和科学研究两个方面。其中，技术创新反映了高等教育通过技术层面创新对产业发展做出的直接贡献，可以包括技术转让、校企合作研发等方面；科学研究反映了高等教育在知识创新方面的贡献。

高等教育强国，其大学的科研水平应该位于全球科学研究的前列，应该不间断地产生各种新技术、新成果，应该保持作为全球科技创新和进步的主要引领者。关键在于核心技术的攻坚、技术创新成果产业化，让创新的技术落地生根、开花结果，真正服务于国家的发展。最为明显的表现是高校的技术、专利能够快速有效转化为现实生产力，对经济社会发展做出较高的贡献。师均技术转让收入、师均专利授权数、高校与企业进行研发的密切程度是高等教育创新引领能力的重要指标。

第二，科学研究。科学研究与技术创新作为高校创新引领不可或缺的两翼。要充分提高高等教育在国际舞台上的竞争力，需要高校在科学研究方面的产出和贡献做出进一步提升。*Nature*、*Science*、*Cell* 三刊发表论文数是重要的科学研究指标。我国拥有的具有国际影响力的教师还不多，将 *Nature* 等三刊发表论文数作为指标，有利于促进提高我国高校教师的知名度。除了在顶级刊物上发表的论文数量外，亦可从师均 SCI、SSCI、EI 论文数量上判断科学研究水平。高被引论文数更能看出科学研究的质量，有利于在建设高等教育强国的过程中对标找差。

5.《我国高等教育强国监测指标体系整体架构》三级指标（监测点）内涵解读

（1）高等教育自身发展能力的三级指标解读。

第一，规模与结构。该指标体系用来表征高等教育的总体体量和不同部分的比例情况。

高等教育毛入学率，即年度高等教育在学人数与适龄人口之比，适龄人口是指在 18 ~ 22 岁这个年龄段的人口数。

每千人中在校大学生人数，即平均每一千人口中，包括的高等教育在学人数。

研究生占在校生比例，即年度在读研究生人数与高等教育在校生总数之比。

博士生占在校生比例，即年度在读博士研究生人数与高等教育在校生总数之比。

第二，国际化。该指标体系用来表征高等教育的跨国际交流和互动情况。

来华留学生占本国学生比例，即年度来华的留学生人数与国内高等教育招生人数之比。来华留学生指在我国高等学校注册并接受学历教育或非学历教育（1年以上）的外国公民。

来华国际生占全球国际生比例，即年度来华国际生人数与全球国际生人数之比。

国际合作发表的研究论文比例，即年度高校教师国际合作发表的研究论文数与高校教师发表论文总数之比。

第三，国际排名。该指标体系用来表征高等教育系统在国际排名中的竞争力。

国际大学排名，即年度国际大学排名中中国高校的竞争力。

国际学科排名，即年度国际学科排名中中国学科的竞争力，取ESI排名前1‰学科数。

第四，经费投入。该指标体系用来表征国家和各级政府部门的财政预算中实际用于高等教育事业的经费，以及社会各种力量和个人直接用于高等教育的费用。

公共高等教育经费占GDP比例，即政府部门投入高等教育事业的年度总费用与GDP之比。采用教育经费统计年鉴指标数据计算。

非公共高等教育经费占GDP比例，即社会各种力量和个人直接用于高等教育的年度总费用与GDP之比。

高校生均教育经费占人均GDP的比例，即年度生均高等教育教育经费与人均GDP之比。

高校研发经费占GDP的比例，即年度用于研发的高等教育经费与GDP之比。

第五，师资队伍。该指标体系用来表征高等教育教师队伍的数量和质量。

具有博士学位教师比例，即年度高校专任教师中具有博士学位的人数与高校专任教师总数之比。

生师比，即年度高校在校学生数与专任教师数的比例。

外籍教师占专任教师比例，即年度高校专任教师中外籍教师的人数与高校专任教师总数之比。

国际奖项获得者人数，即高校教师中获得顶尖国际奖项的人数，以诺贝尔奖、菲尔兹奖获得者人数计算。

教师薪酬指数，即高校教师年薪与年度人均 GDP 之比，教师年薪以高校年度工资福利支出除以教职工数计算。

第六，信息化。该指标体系用来表征高等教育中运用和融合现代信息技术的水平。

教育信息化投入比，即高校信息化设备资产值与固定资产值之比。

校均互联网接入带宽，即全国高校互联网接入带宽的平均值。

高校的网站规模：高校网站包括的网页数量，取“世界大学网络排名”中网站规模指标前 1 000 中的中国高校数。

校均在线开放课程数，即全国高校在用在线开放课程数的平均值。

在线开放课程共享与应用效果，即学习在线开放课程的大学生总人次数。

（2）高等教育满足需求能力的三级指标解读。

第一，满足产业需求。该指标体系用来表征高等教育人才产出满足产业需求的程度。

就业人员中接受高等教育的比例，即就业人员中接受高等教育的人数与就业人员总数之比。

25～34 岁人口中新的博士毕业生比例，即年度博士毕业生数与 25～34 岁人口数之比。

每万名就业人员中从事研发活动人员数，即每一万数量的就业人口中，平均包括的研发人员的数量。

第二，人民满意。该指标体系用来表征广大人民对高等教育的评价，包括毕业生评价和社会评价。

毕业生满意度，即毕业生对高校的满意度。

毕业生质量的雇主评价，即雇主对高校毕业生的质量评价。

高等教育质量的社会评价，即社会人士对高等教育质量的评价。

（3）高等教育创新引领能力的三级指标解读。

第一，技术创新。该指标体系用来表征高校技术创新对经济社会发展的贡献，来体现高等教育竞争力。

师均技术转让收入，即年度高校技术转让总收入除以高校专任教师数所得的平均值。

师均专利授权数，即年度高校专利授权数除以高校专任教师数所得的平均值。

高校与企业合作进行研发的密切程度，即社会人士对高校与企业合作进行研发的密切程度的评价。

第二，科学研究。该指标体系用来表征高校在科学研究方面的产出和贡献。

Nature、*Science*、*Cell* 论文数：高校在 *Nature*、*Science*、*Cell* 三大刊年度发表论文总数。

师均 SCI、SSCI 论文数，即高校年度发表 SCI、SSCI 论文数除以高校教职工总数所得的平均值。

师均 EI 论文数，即高校年度发表 EI 论文数除以高校教职工总数所得的平均值。

高被引论文数，即近十年来被引频次排在前 1% 的论文数（ESI）。

（二）高等教育强国监测指标标准的制定

1. 高等教育强国监测指标标准制定的理念

监测指标标准不仅仅是简单的衡量刻度，其量化标准后面还具有内在的价值导向，为建设高等教育强国提供持续发展的内在动力。

第一，应用导向，服务优先。高等教育强国监测指标构建的出发点和落脚点是为了促进我国高等教育内涵式建设和发展，在不断改进中提高高等教育质量和可持续健康发展能力，形成强大竞争力，适应和引领未来社会的发展。因此，高等教育强国监测指标标准为国家、省级教育行政部门、高等学校及社会公众及时客观了解我国高等教育状态提供了参考数据。这是良好的应用导向和积极服务，主要体现在提高高等教育质量和满足社会各种需求。

第二，创新驱动，战略先行。我国强调创新驱动、战略先行，坚持把科技进步与创新摆在重要战略位置，并把创新驱动确定为核心战略。为了凸显监测的功能，监测指标标准把创新引领作为动力，支持不断开拓进取和持续创新，强调战略性、客观性和应用性。主要体现在两个方面：一是强调高等教育创新引领能力，增强我国高等教育核心竞争力。二是具体体现创新引领能力，如师均技术转让收入、师均专利授权数、高校与企业合作进行研发的密切程度等体现我国高等教育技术创新的真实水平；通过统计 *Nature*、*Science*、*Cell* 论文数，师均 SCI、SSCI、EI 论文数及高被引论文数，反映我国科学研究领域在国际上的地位。

第三，数据说话，监测透明。课题组考虑到要保证高等教育强国监测指标标准的可获得性及合规定性，运用可重复验证的数据资料，保证监测信息的透明度，指标标准着重强调开放性与监测过程的透明化。此外，及时跟踪指标变化和技术发展，不断修订。主要体现在两个方面：一是通过可量化的标准反映高等教育自身发展能力、高等教育满足需要能力及高等教育创新引领能力。二是利用现代信息技术对数据深入分析与比较，实现监测结果的客观、公正。

第四，国际视野，特色鲜明。由于高等教育具有国际化、普遍性的特点，高等教育强国监测兼顾国内国际两个大局，监测指标标准拥有国际视野（监测点目标值进行国际比较），同时也要符合我国的国情，展现自身的特色。主要体现在三个方面：一是国际比较。通过各具体指标的国际比较，反映我国高等教育强国建设的国际水平。二是国际合作。通过对国际排名、国际化指标的监测，能够促进高等学校在国际竞争中加强国际合作，促进高等教育整体的质量提升。三是国际共享。通过构建出符合我国特色的指标体系，可为世界其他国家提供借鉴。

第五，以人为本，全面发展。新时代高等教育发展的核心命题和价值取向，是培养德智体美劳全面发展的社会主义建设者和接班人。我国的高等教育强国建设必须彰显立德树人，促进人的全面发展。主要体现在三个方面：一是服务人民。人民满意度指标的标准反映高等教育强国落实的真正效果。二是师资队伍。师资队伍各指标标准体现教师存在价值。三是人才培养。建设高等教育强国的核心任务就是培养高质量人才。

2. 高等教育强国监测指标标准的功能

（1）有利于发挥“双一流”建设的引领功能。

“双一流”建设与建设高等教育强国关系密切。是否拥有一批世界一流大学已经成为衡量一个国家是否为高等教育强国的重要指标，实行高等教育强国监测有利于建设好世界一流大学和一流学科。构建高等教育强国监测指标标准是目标，“双一流”建设是建设高等教育强国的重要手段和路径的组成部分。通过“双一流”建设，推动各地区、各层次、各类型的高等院校建设一流教师队伍、培养拔尖创新人才、提升科学研究水平。

（2）有利于完善服务型政府的保障机制。

体制机制的制度保障是高等教育强国监测的重要内容。高等教育强国监测注重高等教育系统与社会各系统之间的关系，促进高等教育系统与社会各子系统充分协调。通过高等教育强国监测，着重推动完善服务型政府的保障机制。

（3）有利于提高高校人才的培养质量。

提高高校人才培养的质量是高等教育强国监测的关键选项。高等教育强国监测指标标准的功能之一就是促进培养高质量人才。通过加大人才培养力度，优化人才培养方式，推动高等教育从规模增长向质量提升的转变。

（4）有利于加强教师队伍的高水平建设。

教师队伍始终是建设高等教育强国的核心资源。高等教育强国监测将促进形成一支更高水平的教师队伍。作为实现高等教育内涵式发展的中坚力量，高校教师责任重大。高等教育强国监测指标标准对教师角色提出了新期待，高校在教师队伍建设上要有新变革、新成效。

（5）有利于加大建设高等教育强国的经费投入。

经费投入是顺利开展高等教育强国建设的重要保障。通过高等教育强国监测，可不断增加对高等教育的投入，确保高等教育强国的建设，确保实现党和国家对高等教育建设宏伟目标的要求。

3. 高等教育强国监测指标标准确定的方法

高等教育强国监测指标标准的确定是一个复杂的过程，需要采取综合的方法实现监测指标标准具有客观性、科学性和引领性。课题组主要采取以下几种方法。

（1）文献资料法。

以“高等教育强国监测指标”为关键词在中国知网（CNKI）进行检索，同时参考查阅有关高等教育强国监测指标的相关书籍和资料，为本课题研究打下坚实的文献研究基础。再将已有的高等教育强国监测指标研究数据和资料进行二次分析，以获得不同视角的研究结论。

（2）比较法。

比较法是社会科学研究中经常使用的方法。课题组将我国的各项指标现有数值与高等教育发达国家相应项目数值进行比对比较，初步形成各项指标“数据比较群”，直观展现客观情况，为后续的问卷调查、专家访谈等奠定坚实基础。

（3）问卷调查法。

问卷调查法是一种通过自填问卷或结构访问的方法，系统地、直接地从取自总体的样本中收集相关数据，并通过对数据的统计分析来认识和理解调查主题的方法。高等教育的主体——教师和学生最熟悉高等教育过程、最了解高等教育运行效果及特点，将通过比较法初步建立的各项指标标准“数据比较群”的情况制作成调查问卷，运用问卷调查法来统计其对各项指标标准的关注度和同意度。我国高等教育涉及师生数量庞大，只有通过问卷调查法开展大规模的抽样调查才能把握高等教育强国监测指标标准。

（4）专家访谈法。

通过专家访谈，围绕以下三个方面深度调查：高等教育强国监测的现状、高等教育强国监测指标标准的重要性、高等教育强国监测指标标准存在的问题。通过专家访谈法最终确定高等教育强国监测各级指标的标准。

另外，课题组在研究过程中，还借用了德尔菲法的形式征求了专家们的意见（不是严格意义上的德尔菲法）。

（三）高等教育强国监测指标标准的设定

此处的标准设定是指对三级指标（监测点）标准的设定。

1. 高等教育强国监测点目标值的国际比较

以《我国高等教育强国监测指标体系整体架构》（表 2－1）为依据，根据指标体系三级指标（监测点）的内涵解读，就各监测点上我国数值与发达国家相应项目数值进行比对比较，形成各监测点的数据比较群（个别项目或只有中国的数据或只有外国的数据。“高等教育质量的社会评价”和“高校与企业合作进行研发的密切程度”这两个采用主观评价的指标未进行国际比较）。数据收集时间为 2017 年前后。

（1）高等教育自身发展能力监测点目标值的国际比较。

①关于规模与结构监测点目标值的国际比较。

第一，高等教育毛入学率。日本高等教育毛入学率为 80.6%，OECD 国家的平均值为 49%。《2017 年全国教育事业发展统计公报》显示，中国高等教育毛入学率为 45.7%。

第二，每千人中在校大学生人数。2016 年美国全日制本科学生 1 050 万人，大专学生为 650 万人，硕士生为 78.6 万人，博士生为 78.6 万人，总人口为 3.27 亿，根据指标计算公式得出美国每千人中在校大学生人数为 57 人。

根据《中国统计年鉴 2018》，2017 年，中国全日制研究生 263.96 万人，普通本专科生 2 753.59 万人，成人本专科生 544.14 万人，网络本专科生 735.93 万人，由其计算出高等教育在学总数为 4 296.71 万人；中国 2017 年人口总数为 13.9 亿人，根据指标计算公式得出中国每千人中在校大学生人数约为 31 人。

第三，硕士生占在校生比例。根据《日本统计年鉴（平成 31 年）》的统计，日本 2017 年的在校生人数为 289.09 万，在校硕士生数为 16.04 万，硕士生占在校生比例为 5.548%。2016 年美国在校生人数为 1 857.2 万人，硕士生为 157.2 万人，硕士生占在校生比例为 8.46%。根据《中国统计年鉴 2018》，2017 年，中国全日制硕士生为 263.96 万人，在校生总数为 4 296.71

万人，硕士生占在校生比例为6.14%。

第四，博士生占在校生比例。根据《日本统计年鉴（平成31年）》的统计，日本2017年的在校生人数为289.09万人，在校博士生数为7.39万人，博士生占在校生比例为2.556%。2016年美国在校生人数为1 857.2万人，博士生为78.6万人，博士生占在校生比例为4.23%。根据《中国统计年鉴2018》，2017年，中国全日制博士生为36.2万人，在校生总数为4 296.71万人，博士生占在校生比例为0.84%。

②关于国际化监测点目标值的国际比较。

第一，来华留学生占本国学生比例。

根据 *Education at a Glance* 2018：*OECD Indicators* 显示，美国、英国、德国、法国、日本、澳大利亚、瑞典的留学生占本国学生比例分别为5%、18.1%、8%、9.9%、3.7%、17.5%、6.6%。平均值为9.83%。OECD国家的平均值是6%。《CCG：2017中国留学发展报告》中显示，来华留学生占中国学生总数比例为5.82%。

第二，来华国际生占全球国际生比例。根据美国2017年门户开放报告显示，到美国的国际生数占全球国际生总数的比例为24%。OECD国家平均值为12%。

第三，国际合作发表的研究论文比例。通过在Web of Science数据库中检索得到各国高校教师国际合作发表的研究论文数，如表2-2所示。

表2-2　高校教师国际合作发表的研究论文情况

国家	高校教师国际合作发表的研究论文数/篇	高校发表论文数/篇	国际合作发表的研究论文比例/%
美国	156 611	367 007	0.43
英国	68 860	100 707	0.68
德国	50 027	88 636	0.56
法国	36 531	57 783	0.63
日本	23 723	70 510	0.34
澳大利亚	40 714	66 016	0.62
瑞典	19 539	28 250	0.69
中国	64 059	356 585	0.18

③关于国际排名监测点目标值的国际比较。

第一，国际大学排名。该项指标是取U.S. News、QS、THE、ARWU四类世界大学排行榜中，排名前100的大学中，日本、美国、中国各自高校数的平均值进行比对，即日本3、美国42、中国3。

根据相关网站的统计数据，2019年美、英、德、法、日、澳大利亚、瑞典、中国的高校进入世界大学排名前100的数量如表2－3所示。

表2－3　2019年部分国家高校进入世界大学排名前100的数量

世界大学排名	美国	英国	德国	法国	日本	澳大利亚	瑞典	中国
U. S. News综合排名前100的高校数/所	46	12	4	3	1	7	2	2
QS综合排名前100的高校数/所	33	18	3	3	5	7	1	6
THE综合排名前100的高校数/所	41	11	8	2	2	6	3	3
ARWU综合排名前100的高校数/所	48	9	4	3	3	6	3	2

第二，国际学科排名。该项指标赋值根据ESI排名前1‰学科数。ESI是基本科学指标数据库的简称，目前已经成为世界范围内普遍用以评价高校、学术机构、国家或地区国际学术水平及影响力的重要评价指标工具之一。能入选ESI排名前1‰的学科，通常会被称为世界顶尖学科。表2－4是美、英、德、法、日、澳大利亚、瑞典和中国的ESI排名前1‰学科情况表。

表2－4　ESI排名前1‰情况表

国家	ESI排名前1‰学科数
美国	870
英国	139
德国	82
法国	159
日本	37
澳大利亚	55
瑞典	25
中国	128

④关于经费投入监测点目标值的国际比较。

第一，公共高等教育经费占GDP比例。2015年，美国、英国、德国、法国、日本、澳大利亚、瑞典的平均值为 0. 874% 。其中最高的是瑞典，为 1. 37% 。根据《中国教育年鉴 2017》，2016 年高等学校国家财政性教育教育经费是6 287. 85亿元，公共财政教育经费是 5 269. 7 亿元，GDP 是 741 140. 4 亿元，也就是说，中国公共高等教育经费占 GDP 比例为 0. 71% 。

第二，非公共高等教育经费占 GDP 比例。2015 年，美国、英国、德国、法国、日本、澳大利亚、瑞典的平均值为 0. 839% 。其中最高的是美国，为 1. 67% 。根据《中国教育年鉴 2017》，2016 年高等学校非公共财政教育经费是 1 018. 15 亿元，GDP 是 741 140. 4 亿元，中国非公共高等教育经费占 GDP 比例为 0. 14%（如表 2 –5 所示）。

表 2 –5　各国公共教育经费及非公共教育经费占 GDP 比例表

国家	公共高等教育经费占 GDP 比例/%	非公共高等教育经费占 GDP 比例/%
美国	0. 91	1. 67
英国	0. 47	1. 33
德国	1. 01	0. 19
法国	1. 14	0. 30
日本	0. 45	0. 94
澳大利亚	0. 77	1. 26
瑞典	1. 37	0. 18
中国	0. 71	0. 14

第三，高校生均教育经费占人均 GDP 的比例。

根据 2017 年全国教育经费执行情况统计公告，全国普通高等学校生均一般公共预算教育事业费支出 2. 03 万元，2017 年人均 GDP 为 5. 92 万元，得到中国高校生均教育经费占人均 GDP 的 34. 29% 。

第四，高校研发经费占 GDP 的比例。

根据《中国科技统计年鉴 2017》，2016 年高校 R&D 经费内部支出 1 072. 2亿元（包括基础研究、应用研究、事业发展），GDP 为 74. 01 万亿元，计算得出高校研发费用经费占 GDP 的比例为 0. 145% 。

⑤关于师资队伍监测点目标值的国际比较。

第一，具有博士学位教师比例。全国高等教育系统有关内部统计数据只在研究中使用，本出版物中不公开。

第二，生师比。根据 OECD 发布的《2018 教育概览》报告，美国、英国、德国、瑞典 2016 年的生师比分别为 14% 、16% 、12% 、10% ，OECD

国家的平均值为15%。另外日本统计年鉴2019（统计年度为2017）的数据，计算得出该国的生师比为6.411%。我国2017年的全国教育事业发展统计公报（普通高校生师比，不含分校点数据，学生总数为折合学生数），中国的生师比为17.52%。

第三，外籍教师占专任教师比例。全国高等教育系统有关内部统计数据只在研究中使用，本出版物中不公开。

第四，国际奖项获得者人数该指标是指诺贝尔奖、菲尔兹奖获得者人数。该指标值越大说明普通高校获奖数越多，一定程度反映了高校自然科学与技术研究水平。表2－5是截至2019年美、英、德、法、日、澳大利亚、瑞典和中国的诺贝尔及菲尔兹奖获得情况。

表2－6　诺贝尔及菲尔兹奖获得情况

诺贝尔奖获奖人数		菲尔兹奖获奖人数	
国家	获奖人数	国家	获奖人数
美国	377	美国	18
英国	130	英国	6
德国	108	德国	2
法国	69	法国	12
日本	28	日本	3
澳大利亚	12	澳大利亚	2
瑞典	31	瑞典	1
中国	2	中国	0

第五，教师薪酬指数。根据《中国教育经费统计年鉴2017》，2017年，中国高等学校工资福利支出为3 005亿元，根据计算公式得出中国高校教师薪酬指数为2.05。

⑥关于信息化监测点目标值的国际比较。

第一，教育信息化投入比。根据《中国教育年鉴2017》，2017年高等学校资产固定资产总值为211 429 828.27万元，其中信息化设备资产值为14 024 426.85万元，所以2017年中国教育信息化投入比为6.63%。

第二，校均互联网接入带宽。根据《中国统计年鉴2018》和教育部网站公布的数据，计算得出2017年中国高校校均人数为1.57万人。根据《江苏省高校智慧校园建设指导意见（试行）》（苏教电〔2018〕1号）文件精神，《江苏省高校智慧校园建设指标体系》中要求“接入Internet网络速率不低于人均1 Mpbs，提供泛在网络环境”。按此要求计算得出，校均互联网接入宽带应不低于 15.33 G。

第三，高校的网站规模。据 2019. *Ranking Web of Universities. July New Edition* 显示，在“网站规模”前 1 000 的高校中，高校数最多的是美国，有 264 所；其次是中国，有 104 所。美、英、德、法、日、澳大利亚、瑞典和中国进入前 1 000 的高校数如表 2 – 7 所示。

表 2 – 7　“网站规模”前 1 000 中的各国高校数

国家	美国	英国	德国	法国	日本	澳大利亚	瑞典	中国
高校数/所	264	80	61	39	27	34	11	104

第四，校均在线开放课程数。根据中国大学 MOOC（慕课）的统计，截至 2019 年 4 月初我国共有 12 500 门在线开放课程。根据教育部公布 2017 最新全国高校名单，我国高校共计 2 914 所，经计算得出校均在线开放课程数为 4.3 门。

第五，在线开放课程共享与应用效果。目前，12 500 门慕课上线，超过 2 亿人次在校大学生和社会学习者学习慕课，6 500 万人次大学生获得慕课学分。

（2）高等教育满足需要能力监测点目标值的国际比较。

①关于满足产业需求监测点目标值的国际比较。

第一，就业人员中接受高等教育的比例。根据 OECD 发布的《2018 年教育概览》，美国、英国、德国、法国、日本、澳大利亚、瑞典 2016 年的这一比例为 82%、85%、89%、85%、84%、84%、89%。七个国家的平均值为 85.43%。

第二，25 ~ 34 岁人口中新的博士毕业生比例。根据《中国教育统计年鉴 2017》和《中国统计年鉴 2018》数据，计算得出我国 25 ~ 34 岁人口中新的博士毕业生比例为 0.024%。

第三，每万名就业人员中从事研发活动人员数。根据《中国科技统计年鉴 2017》的数据，计算得出中国每万名就业人员中从事研发活动的人员数约为 85.2 人。

②关于人民满意监测点目标值的国际比较。

第一，毕业生满意度。根据《全国高等教育满意度调查报告》，我国高等教育总体满意度指数为 69.42 分。

第二，毕业生质量的雇主评价。通过 2019 年 QS 世界大学综合排名进行计算，在该名单的 500 所高校中，筛选各国前 20 所高校，计算该国家前 20 所高校的雇主评价指标分数的算数平均值。其中日本、法国、瑞典三国进入 2019 年 QS 世界大学综合排名的高校数不足 20，根据进入排名的实际高校数进行算术平均数计算得出毕业生质量的雇主评价情况，如表2－8所示。

表2－8　毕业生质量的雇主评价情况

国家	毕业生质量的雇主评价/分
美国	86.01
英国	78.35
德国	53.19
法国	37.92
日本	53.71
澳大利亚	55.77
瑞典	36.95
中国	57.32

（3）高等教育创新引领能力监测点目标值的国际比较。

①关于技术创新监测点目标值的国际比较。

第一，师均技术转让收入。根据《中国统计年鉴2018》和《中国教育统计年鉴2017》数据，得出高校师均技术转让收入为1 498.05元。

第二，师均专利授权数。根据《中国教育统计年鉴2017》，高校专利授权数为163 157件，得出师均专利授权数0.07件。

②关于科学研究监测点目标值的国际比较。

第一，*Nature*、*Science*、*Cell* 论文数。该指标值越大说明普通高校出版的自然科学与技术论文越多，一定程度上体现高校的自然科学与技术研究水平。表2－9是截至2019年美、英、德、法、日、澳大利亚、瑞典和中国的高校在 *Nature*、*Science*、*Cell* 发表论文的情况。

表2－9　部分国家高校在 *Nature*、*Science*、*Cell* 上发表论文情况

国家	在 *Nature*、*Science*、*Cell* 发表论文总数/篇
美国	2 584
英国	674
德国	554
法国	305
日本	200
澳大利亚	258
瑞典	150
中国	423

第二，师均 SCI、SSCI 论文数。通过在 Web of Science 数据库中检索得到 2017 年美、英、德、法、日、澳大利亚、瑞典和中国的高校教师发表 SCI、SSCI 论文情况，如表 2－10 所示。

表 2－10 2017 年部分国家高校的师均 SCI、SSCI 论文数

国家	高校发表 SCI、SSCI 论文数/篇	教职工总数/人	师均 SCI、SSCI 论文数/篇
美国	367 007	3 900 000	0.1
英国	100 707	—	—
德国	88 636	—	—
法国	57 783	—	—
日本	70 510	—	—
澳大利亚	66 016	—	—
瑞典	28 250	—	—
中国	356 585	2 442 995	0.15

第三，师均 EI 论文数。通过在 Web of Science 数据库中检索得到 2017 年美、英、德、法、日、澳大利亚、瑞典和中国高校发表 EI 论文情况，如表 2－11 所示。

表 2－11 2017 年部分国家高校师均 EI 论文数

国家	高校发表 EI 论文数/篇	教职工总数/人	师均 EI 论文数/篇
美国	20 835	3 900 000	0.005
英国	4 211	—	—
德国	2 970	—	—
法国	1 193	—	—
日本	6 119	—	—
澳大利亚	2 126	—	—
瑞典	1 276	—	—
中国	11 654	2 442 995	0.004

第四，高被引论文数。通过在 Web of Science 数据库中检索得到美、英、德、法、日、澳大利亚、瑞典和中国近 10 年来被引频次排在前 1% 的论文数，如表 2－12 所示。

表 2-12　高被引论文数

国家	近10年来被引频次排在前1%的论文数/篇
美国	5 891
英国	2 055
德国	1 537
法国	921
日本	559
澳大利亚	1 252
瑞典	533
中国	4 752

2. 高等教育强国监测点目标值问卷调查结果与统计

在前述监测点目标值国际比较的基础上（即数据比较群的情况），课题组编制了《高等教育强国监测指标问卷》并进行了调查研究。

具体结果呈现如下，其中不包括“高等教育质量的社会评价”和“高校与企业合作进行研发的密切程度”这两个采用主观评价的指标。

第1题　您认为我国建设高等教育强国，高等教育毛入学率应达到________。

选项	选项人数小计/人	比例/%
A. 50%～60%	60	24.9
B. 60%～70%	92	38.17
C. 70%～80%	66	27.39
D. 80%以上	23	9.54

第2题　您认为我国建设高等教育强国，每千人中在校大学生数应达到________。

选项	选项人数小计/人	比例/%
A. 20～30人	81	33.61
B. 30～40人	115	47.72
C. 40～50人	30	12.45
D. 50人以上	15	6.22

第 3 题　您认为我国建设高等教育强国，研究生占在校生比例应达到________。

选项	选项人数小计/人	比例/%
A. 5% ~6%	6	2.49
B. 6% ~7%	22	9.13
C. 7% ~8%	91	37.76
D. 8%以上	122	50.62

第 4 题　您认为我国建设高等教育强国，博士生占在校生比例应达到________。

选项	选项人数小计/人	比例/%
A. 1% ~2%	34	14.11
B. 2% ~3%	88	36.51
C. 3% ~4%	72	29.88
D. 4%以上	47	19.5

第 5 题　您认为我国建设高等教育强国，来华留学生占本国学生比例应为________。

选项	选项人数小计/人	比例/%
A. 4% ~5%	65	26.97
B. 5% ~6%	86	35.68
C. 6% ~7%	67	27.8
D. 7%以上	23	9.54

第 6 题　您认为我国建设高等教育强国，来华国际生占全球国际生比例应为________。

选项	选项人数小计/人	比例/%
A. 12% ~16%	93	38.59
B. 16% ~20%	101	41.91
C. 20% ~24%	39	16.18
D. 24%以上	8	3.32

第 7 题　您认为我国建设高等教育强国，国际合作发表的研究论文比例应为（SCI、SSCI）________。

选项	选项人数小计/人	比例/%
A. 35% ~40%	177	73.44
B. 40% ~45%	44	18.26
C. 45% ~50%	16	6.64
D. 50%以上	4	1.66

第 8 题　您认为我国建设高等教育强国，进入国际大学排名前 100 的高校数应为________。

选项	选项人数小计/人	比例/%
A. 3 ~5 所	11	4.56
B. 6 ~10 所	74	30.71
C. 11 ~15 所	69	28.63
D. 15 所及以上	87	36.1

第 9 题　您认为我国建设高等教育强国，ESI 排名前 1‰学科数应为________。

选项	选项人数小计/人	比例/%
A. 150 ~200 个	52	21.58
B. 200 ~250 个	85	35.27
C. 250 ~300 个	44	18.26
D. 300 个以上	60	24.9

第 10 题　您认为我国建设高等教育强国，公共高等教育经费占 GDP 比例应为________。

选项	选项人数小计/人	比例/%
A. 0.6% ~0.7%	4	1.66
B. 0.7% ~0.8%	7	2.9
C. 0.8% ~0.9%	21	8.71
D. 0.9%以上	209	86.72

第 11 题　您认为我国建设高等教育强国，非公共高等教育经费占 GDP 比例应为________。

选项	选项人数小计/人	比例/%
A. 0.4% ~0.6%	37	15.35
B. 0.6% ~0.8%	37	15.35
C. 0.8% ~1.0%	72	29.88
D. 1.0% 以上	95	39.42

第 12 题　您认为我国建设高等教育强国，高校生均教育经费占人均 GDP 的比例应为________。

选项	选项人数小计/人	比例/%
A. 20% ~30%	7	2.9
B. 30% ~40%	68	28.22
C. 40% ~50%	124	51.45
D. 50% 以上	42	17.43

第 13 题　您认为我国建设高等教育强国，高校研发经费占 GDP 的比例应为________。

选项	选项人数小计/人	比例/%
A. 0.15% ~0.20%	23	9.54
B. 0.20% ~0.25%	85	35.27
C. 0.25% ~0.30%	75	31.12
D. 0.30% 以上	58	24.07

第 14 题　您认为我国建设高等教育强国，具有博士学位教师比例应为________。

选项	选项人数小计/人	比例/%
A. 20% ~30%	15	6.22
B. 30% ~40%	69	28.63
C. 40% ~50%	87	36.1
D. 50% 以上	70	29.05

第 15 题　您认为我国建设高等教育强国，生师比应为________。

选项	选项人数小计/人	比例/%
A. （16～15）：1	81	33.61
B. （15～14）：1	101	41.91
C. （14～13）：1	41	17.01
D. 13：1 以下	18	7.47

第 16 题　您认为我国建设高等教育强国，外籍教师占专任教师比例应为________。（统计口径为高校外聘教师中的境外教师）

选项	选项人数小计/人	比例/%
A. 5%～10%	104	43.15
B. 10%～15%	90	37.34
C. 15%～20%	41	17.01
D. 20% 以上	6	2.49

第 17 题　您认为我国建设高等教育强国，国际奖项获得者人数应为________。

选项	选项人数小计/人	比例/%
A. 10～20 人	93	38.59
B. 21～30 人	54	22.41
C. 31～40 人	22	9.13
D. 40 人以上	72	29.88

第 18 题　您认为我国建设高等教育强国，教师薪酬指数（年薪与年度人均 GDP 之比）应为________。

选项	选项人数小计/人	比例/%
A. 1～2	1	0.41
B. 2～3	36	14.94
C. 3～4	130	53.94
D. 4 以上	74	30.71

第 19 题　您认为我国建设高等教育强国，教育信息化投入比应为＿＿＿＿＿＿。

选项	选项人数小计/人	比例/%
A. 7% ~8%	25	10.37
B. 8% ~9%	44	18.26
C. 9% ~10%	86	35.68
D. 10%以上	86	35.68

第 20 题　您认为我国建设高等教育强国，校均互联网接入带宽应为＿＿＿＿＿＿。(按照《江苏省高校智慧校园建设指标体系》测算，校均互联网接入宽带不低于 15.33 G)

选项	选项人数小计/人	比例/%
A. 5 ~10 G	47	19.5
B. 10 ~15 G	112	46.47
C. 15 ~20 G	54	22.41
D. 20 G 以上	28	11.62

第 21 题　您认为我国建设高等教育强国，“网站规模”前 1 000 中的各国高校数应为＿＿＿＿＿＿。

选项	选项人数小计/人	比例/%
A. 100 ~150 所	46	19.09
B. 150 ~200 所	85	35.27
C. 200 ~250 所	70	29.05
D. 250 所以上	40	16.6

第 22 题　您认为我国建设高等教育强国，校均在线开放课程数应为＿＿＿＿＿＿。

选项	选项人数小计/人	比例/%
A. 3 ~4 门	4	1.66
B. 4 ~5 门	17	7.05
C. 5 ~6 门	61	25.31
D. 6 门以上	159	65.98

第 23 题　您认为我国建设高等教育强国，在线开放课程共享与应用效果（学习在线开放课程大学生总人数）应为________。

选项	选项人数小计/人	比例/%
A. 1 亿～1.5 亿人次	4	1.66
B. 1.5 亿～2 亿人次	13	5.39
C. 2 亿～2.5 亿人次	55	22.82
D. 2.5 亿人次以上	169	70.12

第 24 题　您认为我国建设高等教育强国，就业人员中接受高等教育的比例应为________。

选项	选项人数小计/人	比例/%
A. 80%～82%	83	34.44
B. 82%～84%	36	14.94
C. 84%～86%	58	24.07
D. 86%以上	64	26.56

第 25 题　您认为我国建设高等教育强国，25～34 岁人口中新的博士毕业生比例应为________。

选项	选项人数小计/人	比例/%
A. 0.02%～0.025%	11	4.56
B. 0.025%～0.03%	45	18.67
C. 0.03%～0.035%	125	51.87
D. 0.035%以上	60	24.9

第 26 题　您认为我国建设高等教育强国，每万名就业人员中从事研发活动人员数应为________。

选项	选项人数小计/人	比例/%
A. 50～100 人	17	7.05
B. 100～150 人	109	45.23
C. 150～200 人	80	33.2
D. 200 人以上	35	14.52

第 27 题　您认为我国建设高等教育强国，毕业生满意度应为________。

选项	选项人数小计/人	比例/%
A. 60~70 分	2	0.83
B. 70~80 分	56	23.24
C. 80~90 分	148	61.41
D. 90 分以上	35	14.52

第 28 题　您认为我国建设高等教育强国，毕业生质量的雇主评价应为________。

选项	选项人数小计/人	比例/%
A. 50~60 分	1	0.41
B. 60~70 分	38	15.77
C. 70~80 分	102	42.32
D. 80 分以上	100	41.49

第 29 题　您认为我国建设高等教育强国，师均技术转让收入应为________。

选项	选项人数小计/人	比例/%
A. 1 000~2 000 元	14	5.81
B. 2 000~3 000 元	79	32.78
C. 3 000~4 000 元	87	36.1
D. 4 000 元以上	61	25.31

第 30 题　您认为我国建设高等教育强国，师均专利授权数应为________。

选项	选项人数小计/人	比例/%
A. 0.05~0.1 件	24	9.96
B. 0.1~0.15 件	95	39.42
C. 0.15~0.2 件	70	29.05
D. 0.2 件以上	52	21.58

第31题　您认为我国建设高等教育强国，在*Nature*、*Science*、*Cell*上发表的论文数应为________。

选项	选项人数小计/人	比例/%
A. 200～300篇	23	9.54
B. 300～400篇	63	26.14
C. 400～500篇	67	27.8
D. 500篇以上	88	36.51

第32题　您认为我国建设高等教育强国，师均SCI、SSCI论文数应为________。

选项	选项人数小计/人	比例/%
A. 0.1～0.2篇	128	53.11
B. 0.2～0.3篇	77	31.95
C. 0.3～0.4篇	24	9.96
D. 0.4篇以上	12	4.98

第33题　您认为我国建设高等教育强国，师均EI论文数应为________。

选项	选项人数小计/人	比例/%
A. 0.005～0.006篇	184	76.35
B. 0.006篇以上	57	23.65

第34题　您认为我国建设高等教育强国，高被引论文数应为________。

选项	选项人数小计/人	比例/%
A. 500～1 000篇	9	3.73
B. 1 000～2 000篇	12	4.98
C. 2 000～3 000篇	22	9.13
D. 3 000篇以上	198	82.16

3. 设定高等教育强国监测点目标值（标准）

上述调查结果反映了我国高等教育研究者和管理者对高等教育强国各监测点目标值的判断和预期，这为课题组确定高等教育强国各监测点的目标值提供了重要依据。为了提高目标值的合理性，确保其合乎当前我国高等教育的发展现实与未来可能，课题组又采用专家咨询的方法进行综合权衡。

基于以上研究，形成了高等教育强国监测点的目标值（标准），具体如表 2－13 所示。

表 2－13　高等教育强国监测点目标值（标准）

维度	二级指标	三级指标	目标值（标准）
1. 高等教育发展能力	（1）规模与结构	高等教育毛入学率	60%
		每千人中在校大学生人数	40 人
		研究生占在校生比例	8%
		博士生占在校生比例	2%
	（2）国际化	来华留学生占本国学生比例	5%
		来华国际生占全球国际生比例	16%
		国际合作发表的研究论文比例	35%
	（3）国际排名	国际大学排名	10
		国际学科排名	200 名
	（4）经费投入	公共高等教育经费占 GDP 比例	0.9%
		非公共高等教育经费占 GDP 比例	1%
		高校生均教育经费占人均 GDP 的比例	40%
		高校研发经费占 GDP 的比例	0.2%
	（5）师资队伍	具有博士学位教师比例	40%
		生师比	15
		外籍教师占专任教师比例	5%
		国际奖项获得者人数	10 人
		教师薪酬指数	3
	（6）信息化	教育信息化投入比	9%
		校均互联网接入带宽	10 G
		高校的网站规模	150
		校均在线开放课程数	6 门
		在线开放课程共享与应用效果	2.5

续上表

维度	二级指标	三级指标	目标值（标准）
2. 高等教育满足需求能力	（7）满足产业需求	就业人员中接受高等教育的比例	35%
		25～34 岁人口中新的博士毕业生比例	0.03%
		每万名就业人员中从事研发活动人员数	100
	（8）人民满意	毕业生满意度	80 分
		毕业生质量的雇主评价	70 分
		高等教育质量的社会评价	30 分
3. 高等教育创新引领能力	（9）技术创新	师均技术转让收入	3 000 元
		师均专利授权数	0.1
		高校与企业合作进行研发的密切程度	20
	（10）科学研究	*Nature*、*Science*、*Cell* 论文数	500 篇
		师均 SCI、SSCI 论文数	0.1 篇
		师均 EI 论文数	0.005 篇
		高被引论文数	3 000 篇

三、高等教育强国监测指标权重的确定

任何一个监测评价体系中的各项指标都有其重要程度，即其在体系中的权重。高等教育强国监测指标体系的指标同样有权重问题。本部分研究是通过问卷调查解决这个问题。

（一）问卷设计与调查

通过设计《“高等教育强国建设监测指标权重”调查问卷》（附后），选取合适的调查群体进行数据采集和样本分析，以及在收集问卷调查结果后，对问卷调查结果进行信度和效度检验，从而保证问卷调查的有效性，形成各指标权重。

1. 问卷设计

利用已有的《我国高等教育强国监测指标体系整体架构》（表 2－1）中的一、二、三级指标设计问卷，专家们对各项指标的重要性进行判断。依据李克特量表（Likert scale）5 级原理设置各项指标重要性程度，不同的分值代表不同的重要性，并且重要性随着分值的增加而增加，即 1 代表很不重

要、2代表不太重要、3代表一般、4代表比较重要、5代表很重要。问卷包括三个部分，填写问卷人的基本信息；一、二、三级指标权重的调查问卷以及开放性问答题。

2. 调查对象

调查对象设计为各省（市、自治区、直辖市）的政府教育部门、高等教育学会负责人以及部分高校负责人、专家，调查问卷以网络问卷的形式填写。其中，各省级政府教育部门填写不少于2份；填写对象为各省级高等教育学会正职或副职负责人填写不少于3份；各省份每所高校填写不少于20份，调查高校数量不少于4所，“双一流”高校与普通高校的比值不得高于1∶3，高校正职或副职负责人、教师、在校学生填写比例在3∶4∶3左右。此外，还有少量境外调查对象。

3. 数据采集及样本情况

本次调查研究共回收问卷159份，回收问卷中有效问卷159份，无效问卷0份。回收问卷通过SPSS统计软件进行数据处理，其中参与本次问卷调查对象的基本情况如表2－14所示。

表2－14　调查对象的基本情况

调查对象地理位置（省、市、区及境外）	数量/份	占比/%
江苏	41	25.79
北京	27	16.98
河南	11	6.92
陕西	9	5.66
浙江	9	5.66
上海	8	5.03
广东	5	3.14
河北	5	3.14
山东	5	3.14
吉林	4	2.52
湖北	4	2.52
四川	4	2.52
江西	4	2.52

续上表

调查对象地理位置（省、市、区及境外）	数量/份	占比/%
辽宁	4	2.52
内蒙古	4	2.52
湖南	2	1.26
甘肃	2	1.26
新疆	2	1.26
重庆	2	1.26
贵州	1	0.63
安徽	1	0.63
台湾	1	0.63
国外	4	2.52

4. 问卷的信度及效度检测

通过问卷星对高等教育强国监测指标权重调查问卷进行发放和处理，从而获得各指标的权重，并回收调查问卷后对问卷的结果的信度和效度进行检验。

（1）评分问卷的信度检验。

信度检验包括稳定性检验和一致性检验，是用来衡量问卷的可靠性的有效保证。其中稳定性检验是指一群人在不同空间和时间下接受相同测试的差异很小，具有一定的稳定性。而一致性检验是用来检验同一群人接受相同题型的测试时，所检测的结果具有较强的正相关性。Cronbach's alpha 系数是目前社会科学研究最常用的信度检验方法。该方法主要是用来测量一组同义或平行测验总和的信度，如果所有的测试项都反映出相同的特质，则这些项目之间存在相关性。Cronbach's alpha 系数越高，则信度越高，同样问卷调查结果也就越可靠。Cronbach's alpha 系数的计算公式为：

$$\alpha = \frac{k}{k-1}\left(1-\frac{\sum_{i=1}^{k}\sigma_i^2}{\sigma^2}\right) \qquad (2-1)$$

其中，k 为量表中题项的总数，σ_i^2 为第 i 题得分的题内方差，σ^2 为全部题项总得分的方差，系数评价的是量表中各题项得分间的一致性，属于内在一致性系数。通过 SPSS 统计软件的计算，可以得到各维度的 Cronbach's alpha 系数和项数。如表 2－15 所示。

表 2 - 15　评分问卷的 Cronbach's alpha 系数

指标维度	Cronbach's alpha 系数	项数/项
总指标体系	0.918	3
高等教育自身发展能力	0.829	6
高等教育满足需要能力	0.879	2
高等教育创新引领能力	0.910	2
规模与结构	0.805	4
国际化	0.785	3
国际排名	0.860	2
经费投入	0.863	4
师资队伍	0.814	5
信息化	0.870	5
满足产业需求	0.766	3
人民满意	0.924	3
技术创新	0.834	3
科学研究	0.876	4

由上表可知，各指标维度下的 Cronbach's alpha 系数均大于 0.75，表明问卷数据可信度较高。

（2）评分问卷的效度检验。

效度检验即对评分问卷的有效性的检验，测量所得到的结果与所反映的考察内容的吻合程度越高，说明效度越高。芬克指出效度就是指用测量的工具对考察内容所能测量的程度，主要是内容效度和结构效度。内容效度是衡量内容是否可以覆盖研究内容的程度，而结构效度是指测量结果是否可以体现解释变量的各个可观测变量的一致性程度。结构效度通常采用样本充足度（Kaiser - meyor - olkin，KMO）和 Bartlett 球型检验（近似卡方）。当 KMO 值越大时越适合做因子分析，一般认为当 KMO 值小于 0.5 时不适宜做因子分析；当 KMO 值大于 0.6 时，比较合适做因子分析；当 KMO 大于 0.7 时，适合做因子分析；当 KMO 大于 0.8 时非常适合做因子分析。通过 SPSS 统计软件的计算，可以得到各维度下的 KMO 值以及 Bartlett 球型检验显著性水平。

由表 2 - 16 可知，所有维度下的 KMO 系数均大于 0.6，部分 KMO 系数大于 0.7，属于适合做因子水平，且 Bartlett 球型检验的显著性水平均为 0.000 低于标准 0.05，表明整个问卷数据适合进行因子分析，且指标变量之间有明显的结构性和相关关系，具有结构效度。

表 2-16 评分问卷的效度表

指标维度	KMO 度量	Bartlett 球型检验	自由度	显著性
总指标体系	0.761	337.302	3	0.000
高等教育自身发展能力	0.787	479.634	15	0.000
高等教育满足需要能力	0.641	148.945	1	0.000
高等教育创新引领能力	0.627	187.496	1	0.000
规模与结构	0.611	339.630	6	0.000
国际化	0.631	161.974	3	0.000
国际排名	0.698	131.842	1	0.000
经费投入	0.784	312.045	6	0.000
师资队伍	0.760	328.817	10	0.000
信息化	0.719	451.203	10	0.000
满足产业需求	0.664	128.774	3	0.000
人民满意	0.750	369.069	3	0.000
技术创新	0.696	192.923	3	0.000
科学研究	0.771	356.415	6	0.000

总体来说，《“高等教育强国建设监测指标权重”调查问卷》的调查结果具有一定的信度和效度，也说明《我国高等教育强国监测指标体系整体架构》具有一定的信度和效度。

（二）指标权重的计算方法

在利用多个指标进行综合评价的过程中，各个指标权重的确定是一项非常基础同时也非常重要的工作。确定指标权重的方法主要可归纳为两类：主观赋权法与客观赋权法。在主观赋权法中，主要的方法体系有：德尔菲法、层次分析法、环比评分法、二项系数法、最小平方和法等，其中以层次分析法最为人们所接受和常用；在客观分析法中主要的方法体系有：熵值法、变异系数法、主成分分析法、因子分析法等，其中又以主成分分析法和因子分析法最为常见。

本课题利用因子分析法得出了以下“因子分析结果”。

如表 2-17 所示，“成分”表示的是满足条件的因子排序，“初始特征值”中的第一列“总计”表示的是因子的特征根，第二列的“方差的百分比”表示的是方差贡献率，“累计百分比”指的是所有成分因子的累计方差贡献率。通过分析，因子分析是有效的，能够很好地解释和说明问题。

指标权重等于以主成分的方差贡献率为权重，对该指标在各主成分线性组合中的系数的加权平均的归一化，所得结果即为该因子在总目标上的权重值。通过 SPSS 统计软件运行的成分矩阵，得出各指标在主因子上的得分以及综合得分。由此形成以下一、二、三级指标权重表（如表 2 - 18 和表 2 - 19 所示）。

表 2 - 17　因子分析结果

指标维度	成分	初始特征值			旋转载荷平方和		
		总计	方差百分比/%	累计百分比/%	总计	方差百分比/%	累计百分比/%
总指标体系	1	2. 576	85. 871	85. 871	2. 576	85. 871	85. 871
高等教育自身发展能力	1	3. 340	55. 668	55. 668	2. 859	47. 657	47. 657
	2	1. 091	18. 183	73. 850	1. 572	26. 194	82. 370
高等教育满足需求能力	1	1. 784	89. 177	89. 177	1. 784	89. 177	89. 177
高等教育创新引领能力	1	1. 836	91. 780	91. 780	1. 836	91. 780	91. 780
规模与结构	1	2. 534	63. 351	63. 351	1. 806	45. 148	45. 148
	2	1. 035	25. 873	89. 224	1. 763	44. 076	89. 224
国际化	1	2. 108	80. 273	80. 273	2. 108	80. 273	80. 273
国际排名	1	1. 755	87. 727	87. 727	1. 755	87. 727	87. 727
经费投入	1	2. 843	82. 562	82. 562	2. 843	82. 562	82. 562
师资队伍	1	2.　898	57. 967	57. 967	2. 340	46. 801	46. 801
	2	1. 052	21. 037	75. 614	1. 610	32. 202	80. 003
信息化	1	3. 292	65. 843	65. 843	3. 292	65. 843	65. 843
满足产业需求	1	2. 047	82. 246	82. 246	2. 047	82. 246	82. 246
人民满意	1	2. 604	86. 801	86. 801	2. 604	86. 801	86. 801
技术创新	1	2. 255	81. 167	81. 167	2. 255	81. 167	81. 167
科学研究	1	2. 922	83. 041	83. 041	2. 922	83. 041	83. 041

表 2－18　一级指标和二级指标权重

维度	指标	因子得分		权重
		1	2	
总目标	高等教育自身发展能力	0.575		0.575
	高等教育满足需求能力	0.577		0.577
	高等教育创新引领能力	0.580		0.580
高等教育发展能力	规模与结构	0.354	－0.275	0.128
	国际化	0.341	0.533	0.418
	国际排名	0.260	0.727	0.438
	经费投入	0.482	－0.231	0.226
	师资队伍	0.489	－0.159	0.257
	信息化	0.466	－0.185	0.232
高等教育满足需求能力	满足产业需求	0.707		0.707
	人民满意	0.707		0.707
高等教育创新引领能力	技术创新	0.958		0.958
	科学研究	0.958		0.958

二级指标维度下，三级指标的权系数如表 2－19 所示。

表 2－19　三级指标权重

二级指标	三级指标	成分得分		权重
		1	2	
规模与结构	高等教育毛入学率	0.467	0.555	0.511
	每千人中在校大学生人数	0.502	0.454	0.478
	研究生占在校生比例	0.549	0.379	0.090
	博士生占在校生比例	0.477	0.585	0.048
国际化	来华留学生占本国学生比例	0.588	0.588	
	来华国际生占全球国际生比例	0.624	0.624	
	国际合作发表的研究论文比例	0.515	0.515	
国际排名	国际大学排名	0.707	0.707	
	国际学科排名	0.707	0.707	

续上表

二级指标	三级指标	成分得分		权重
		1	2	
经费投入	公共高等教育经费占 GDP 比例	0. 507	0. 507	
	非公共高等教育经费占 GDP 比例	0. 487	0. 487	
	高校生均教育经费占人均 GDP 的比例	0. 535	0. 535	
	高校研发经费占 GDP 的比例	0. 469	0. 469	
师资队伍	具有博士学位教师比例	0. 489	-0. 257	0. 185
	生师比	0. 500	-0. 326	0. 164
	外籍教师占专任教师比例	0. 376	0. 593	0. 464
	国际奖项获得者人数	0. 373	0. 605	0. 467
	教师薪酬指数	0. 479	-0. 333	0. 148
信息化	教育信息化投入比	0. 816	0. 450	
	校均互联网接入带宽	0. 809	0. 446	
	高校的网站规模	0. 813	0. 448	
	校均在线开放课程数	0. 748	0. 432	
	在线开放课程共享与应用效果	0. 833	0. 459	
满足产业需求	就业人员中接受高等教育的比例	0. 576	0. 576	
	25～34 岁人口中新的博士毕业生比例	0. 541	0. 541	
	每万名就业人员中从事研发活动人员数	0. 612	0. 612	
人民满意	毕业生满意度	0. 583	0. 583	
	毕业生质量的雇主评价	0. 585	0. 585	
	高等教育质量的社会评价	0. 564	0. 564	
技术创新	师均技术转让收入	0. 602	0. 602	
	师均专利授权数	0. 579	0. 579	
	高校与企业合作进行研发的密切程度	0. 549	0. 549	
科技研究	*Nature*、*Science*、*Cell* 论文数	0. 504	0. 504	
	师均 SCI、SSCI 论文数	0. 538	0. 538	
	师均 EI 论文数	0. 477	0. 477	
	高被引论文数	0. 479	0. 479	

通过对上表中各指标的 ω_i 进行归一化处理即可得出各指标的权重如下：

$$B_i = \omega_i / \sum_{i=1}^{n} \omega_i \quad (i = 1, 2, 3, \cdots, n) \qquad (2-2)$$

其中，B_i 为第 i 个指标的权重值，n 为各主因子下的指标数目。基于此，得出以下各级指标权重，如表 2－20 所示。

表 2－20　高等教育强国监测指标权重

一级指标	权重	二级指标	权重	三级指标	权重
高等教育发展能力	0.35	规模与结构	0.10	高等教育毛入学率	0.40
				每千人中在校大学生人数	0.35
				研究生占在校生比例	0.15
				博士生占在校生比例	0.10
		国际化	0.20	来华留学生占本国学生比例	0.35
				来华国际生占全球国际生比例	0.35
				国际合作发表的研究论文比例	0.30
		国际排名	0.20	国际大学排名	0.50
				国际学科排名	0.50
		经费投入	0.15	公共高等教育经费占 GDP 比例	0.25
				非公共高等教育经费占 GDP 比例	0.25
				高校生均教育经费占人均 GDP 的比例	0.25
				高校研发经费占 GDP 的比例	0.25
		师资队伍	0.20	具有博士学位教师比例	0.20
				生师比	0.10
				外籍教师占专任教师比例	0.30
				国际奖项获得者人数	0.30
				教师薪酬指数	0.10
		信息化	0.15	教育信息化投入比	0.25
				校均互联网接入带宽	0.15
				高校的网站规模	0.20
				校均在线开放课程数	0.15
				在线开放课程共享与应用效果	0.25

续上表

一级指标	权重	二级指标	权重	三级指标	权重
高等教育满足需求能力	0.35	满足产业需求	0.50	就业人员中接受高等教育的比例	0.35
				25~34 岁人口中新的博士毕业生比例	0.30
				每万名就业人员中从事研发活动人员数	0.35
		人民满意	0.50	毕业生满意度	0.35
				毕业生质量的雇主评价	0.35
				高等教育质量的社会评价	0.30
高等教育创新引领能力	0.30	技术创新	0.50	师均技术转让收入	0.35
				师均专利授权数	0.35
				高校与企业合作进行研发的密切程度	0.30
		科学研究	0.50	*Nature*、*Science*、*Cell* 论文数	0.25
				师均 SCI、SSCI 论文数	0.30
				师均 EI 论文数	0.20
				高被引论文数	0.25

四、我国高等教育强国监测指标体系

我国高等教育强国监测指标体系由《我国高等教育强国监测指标体系表》和该体系中各项指标的内涵解读共同组成。

（一）我国高等教育强国监测指标体系表

根据以上研究，将《高等教育强国监测点目标值（标准）》（表 2－13）和《高等教育强国监测指标权重》（表 2－20）融合，形成《我国高等教育强国监测指标体系表》（如表 2－21 所示）。

表 2－21　我国高等教育强国监测指标体系表

一级指标	权重	二级指标	权重	三级指标	权重	目标值（标准）
高等教育自身发展能力	0.35	规模与结构	0.10	高等教育毛入学率	0.40	60%
				每千人中在校大学生人数	0.35	40
				研究生占在校生比例	0.15	8%
				博士生占在校生比例	0.10	2%

续上表

一级指标	权重	二级指标	权重	三级指标	权重	目标值（标准）
高等教育自身发展能力	0. 35	国际化	0. 20	来华留学生占本国学生比例	0. 35	5%
				来华国际生占全球国际生比例	0. 35	16%
				国际合作发表的研究论文比例	0. 30	35%
		国际排名	0. 20	国际大学排名	0. 50	10
				国际学科排名	0. 50	200
		经费投入	0. 15	公共高等教育经费占 GDP 比例	0. 25	0. 9%
				非公共高等教育经费占 GDP 比例	0. 25	1%
				高校生均教育经费占人均 GDP 的比例	0. 25	40%
				高校研发经费占 GDP 的比例	0. 25	0. 2%
		师资队伍	0. 20	具有博士学位教师比例	0. 20	40%
				生师比	0. 10	15
				外籍教师占专任教师比例	0. 30	5%
				国际奖项获得者人数	0. 30	10
				教师薪酬指数	0. 10	3
		信息化	0. 15	教育信息化投入比	0. 25	9%
				校均互联网接入带宽	0. 15	10
				高校的网站规模	0. 20	150
				校均在线开放课程数	0. 15	6
				在线开放课程共享与应用效果	0. 25	2. 5

续上表

一级指标	权重	二级指标	权重	三级指标	权重	目标值（标准）
高等教育满足需求能力	0.35	满足产业需求	0.50	就业人员中接受高等教育的比例	0.35	35%
				25～34岁人口中新的博士毕业生比例	0.30	0.03%
				每万名就业人员中从事研发活动人员数	0.35	100
		人民满意	0.50	毕业生满意度	0.35	80
				毕业生质量的雇主评价	0.35	70
				高等教育质量的社会评价	0.30	30
高等教育创新引领能力	0.30	技术创新	0.50	师均技术转让收入	0.35	3 000
				师均专利授权数	0.35	0.1
				高校与企业合作进行研发的密切程度	0.30	20
		科学研究	0.50	*Nature*、*Science*、*Cell* 论文数	0.25	500
				师均 SCI、SSCI 论文数	0.30	0.1
				师均 EI 论文数	0.20	0.005
				高被引论文数	0.25	3 000

（二）我国高等教育强国监测指标体系中各项指标的内涵解读

有关这部分的内容已经在前面进行了详述，在此不再赘述。

五、高等教育强国监测结果计算与分析

本部分内容是进行试验性实际监测操作，通过收集相关数据和数据分析，获得实验性、研究性和探索性高等教育强国监测结果，并在此基础上初步分析我国高等教育强国建设的成效和问题。为既体现监测结果的实效性和过程性，又结合数据获得的可行性，这里将以 2014 年、2015 年、2016 年这三个年度的数据为例进行分析。

（一）数据收集与处理

本研究是基于国家层面数据的宏观分析，这些数据主要来源于《中国统计年鉴》《中国教育统计年鉴》《中国教育经费统计年鉴》《中国科技统计年鉴》《中国人口和就业统计年鉴》等官方公布的全国性数据，《全球竞争力报告》、大学排名数据等国际有关机构发布的数据和具有公信力的相关网站公布的数据。各指标所涉及的原始数据的来源及数据计算过程如下。

1. 高等教育自身发展能力

（1）规模与结构。

高等教育毛入学率：采用《全国教育事业发展统计公报》数据。

每千人中在校大学生人数：采用《中国教育统计年鉴》中的“在校大学生人数”数据，以及《中国统计年鉴》中的人口数据，按照“在校大学生人数/人口总数 ×1 000”公式进行计算。

研究生占在校生比例：采用《中国教育统计年鉴》中的“在读研究生人数”与“高等教育在校生总数”数据进行计算。

博士生占在校生比例：采用《中国教育统计年鉴》中的“在读博士研究生人数”与“高等教育在校生总数”数据进行计算。

（2）国际化。

来华留学生占本国学生比例：采用《中国教育统计年鉴》中的“留学生人数”与“高等教育招生人数”数据进行计算。

来华国际生占全球国际生比例：采用《中国留学发展报告》中的“来华国际生人数”与 OECD《教育概览》中的“全球国际生人数”数据进行计算。仅获得 2015 全球国际生人数，各年数据均以此为参照。

国际合作发表的研究论文比例：采用《中国科技论文统计结果》中的“国际合作发表的研究论文数”与《中国教育统计年鉴》中的“高等教育专任教师数”数据计算。

（3）国际排名。

国际大学排名：取 QS、U. S. News、THE、ARWU 等 4 类世界大学排行榜中排名前 100 的高校数的平均数。

国际学科排名：ESI 数据库中排名前 1‰学科数。

（4）经费投入。

公共高等教育经费占 GDP 比例：采用《中国教育经费统计年鉴》中高等教育财政性经费数据与《中国统计年鉴》中的 GDP 数据进行计算。

非公共高等教育经费占 GDP 比例：采用《中国教育经费统计年鉴》中

高等教育非财政性经费数据与《中国统计年鉴》中的GDP数据进行计算。

高校生均教育经费占人均GDP的比例：采用《全国教育经费执行情况统计公告》中高等学校生均一般公共预算公用经费数据，以及《中国统计年鉴》中的GDP和人口数据进行计算。

高校研发经费占GDP的比例：采用《中国科技统计年鉴》中用于研发的高等教育经费数据与《中国统计年鉴》中的GDP数据进行计算。

（5）师资队伍。

具有博士学位教师比例：采用《中国教育统计年鉴》中高校专任教师中具有博士学位的人数与高校专任教师总数据计算。

生师比：采用《全国教育事业发展统计公报》数据。

外籍教师占专任教师比例：年度高校专任教师中外籍教师的人数与高校专任教师总数之比。采用《中国教育统计年鉴》数据计算。

国际奖项获得者人数：通过网络搜集统计诺贝尔奖、菲尔兹奖获得者人数。

教师薪酬指数：采用《中国教育经费统计年鉴》中高校年度工资福利支出、《中国教育统计年鉴》中高校教职工总数以及《中国统计年鉴》中的GDP和人口数据进行计算。

（6）信息化。

教育信息化投入比：采用《中国教育经费统计年鉴》中高校信息化设备资产值与固定资产值数据进行计算。

校均互联网接入带宽：采用中国教育和科研计算机网数据。可获得2014年度和2016年度数据，2015年度数据采用估计值。

高校网站竞争力：取“世界大学网站排名”中排名前1 000中的中国高校数。只可获得2019年的数据，因此2014年、2015年、2016年的数据均采用2019年数据替代。

校均在线开放课程数：采用《中国MOOCs建设与发展白皮书》《中国高校信息技术与教学深度融合观察报告》中的指标数据。只获得了2014年、2015年数据，2016年的数据采用估计值。

在线开放课程共享与应用效果：根据由新闻报道获得的当前数据和校均在线开放课程数据对历年数据进行估计。

2. 高等教育满足需求能力

（1）满足产业需求。

就业人员中接受高等教育的比例：采用《中国人口和就业统计年鉴》中就业人员中，接受高等教育的人数与就业人员总数据进行计算。

25～34岁人口中新的博士毕业生比例：采用《中国教育统计年鉴》中的博士毕业生数与《中国统计年鉴》中25～34岁人口数据进行计算。

每万名就业人员中从事研发活动人员数：采用《中国科技统计年鉴》中的研发人员数与《中国统计年鉴》中的人口数据进行计算。

（2）人民满意。

毕业生满意度：采用全国性调查《全国高等教育满意度调查报告》指标数据，该调查始于2016年，2014年、2015年的数据采用替代值。

毕业生质量的雇主评价：采用QS雇主调查对应数据。

高等教育质量的社会评价：采用《全球竞争力报告》对应数据。

3. 高等教育创新引领能力

（1）技术创新。

师均技术转让收入：采用《中国教育统计年鉴》中高校技术转让总收入与高校专任教师数据进行计算。

师均专利授权数：采用《中国科技统计年鉴》中高校专利授权数与《中国教育统计年鉴》中高校专任教师数据进行计算。

高校与企业合作进行研发的密切程度：采用“全球竞争力报告”数据。

（2）科学研究。

Nature、*Science*、*Cell* 论文数：搜集部分国家高校在 *Nature*、*Science*、*Cell* 三大刊年度发表论文总数。

师均SCI、SSCI论文数：采用《中国科技论文统计结果》中高校年度发表SCI、SSCI论文数，以及《中国教育统计年鉴》中高校教职工总数进行计算。

师均EI论文数：通过在Web of Science数据库中检索得到我国高校发表EI论文数。只获得当前数据，2014年、2015年、2016年的数据均采用目前数据替代。

高被引论文数：通过在Web of Science数据库中检索得到各国近10年来被引频次排在前1%的论文数。只获得当前数据，2014年、2015年、2016年的数据均采用目前数据替代。

（二）高等教育强国监测总体结果

高等教育强国监测指数的计算过程参考基准化分析法（Benchmarking，BMK）的计算方法。基准化分析法是目前国际上在评价领域应用广泛的一种方法，其基本思路是，对被评价的对象给出一个基准值，并以此标准去衡量所有被评价的对象，从中获得差距和排序结果。本研究将以上文中确定的高等教育强国监测指标标准值为参照，根据每个指标的实际取值，对其监测结果的得分率进行赋值。

指数合成的方法是对各项指标的监测值求加权和，进而形成各年度高等教育强国建设指数。首先根据前文获得的一级指标、二级指标、三级指标权重，以总分100作为参考值，计算每个三级指标的综合权重或分值，然后据此将各指标转化为一个能够综合反映高等教育强国建设情况的指数。其计算过程为：

$$I=\sum_{i=1}^{36}C_i\omega_i \qquad (2-3)$$

其中，I 为高等教育强国指数综合得分；

C_i 为指标 i 的监测得分；

ω_i 为指标综合权重值，且 $\sum_{i=1}^{36}\omega_i=100$。

2014—2016年度高等教育强国监测结果如表2-22所示。

表2-22　2014—2016年度高等教育强国监测指标的综合权重和得分率

维度	二级指标	三级指标	综合权重	2014年/分	2015年/分	2016年/分
1. 高等教育发展能力	(1) 规模与结构	高等教育毛入学率	1.4	0.625	0.667	0.712
		每千人中在校大学生人数	1.225	0.623	0.630	0.633
		研究生占在校生比例	0.525	0.649	0.655	0.670
		博士生占在校生比例	0.35	0.440	0.448	0.463
	(2) 国际化	来华留学生占本国学生比例	2.45	0.212	0.218	0.240
		来华国际生占全球国际生比例	2.45	0.500	0.500	0.625
		国际合作发表的研究论文比例	2.1	0.706	0.726	0.737
	(3) 国际排名	国际大学排名	3.5	0.175	0.175	0.250
		国际学科排名	3.5	0.295	0.310	0.315
	(4) 经费投入	公共高等教育经费占GDP比例	1.3125	0.911	0.967	0.933
		非公共高等教育经费占GDP比例	1.3125	0.470	0.510	0.520
		高校生均教育经费占人均GDP的比例	1.3125	0.853	0.903	0.868
		高校研发经费占GDP的比例	1.3125	0.695	0.725	0.725

续上表

维度	二级指标	三级指标	综合权重	2014年/分	2015年/分	2016年/分
1. 高等教育发展能力	(5) 师资队伍	具有博士学位教师比例	1.4	0.500	0.530	0.558
		生师比	0.7	0.848	0.846	0.879
		外籍教师占专任教师比例	2.1	0.197	0.195	0.208
		国际奖项获得者人数	2.1	0.100	0.200	0.200
		教师薪酬指数	0.7	0.667	0.700	0.767
	(6) 信息化	教育信息化投入比	1.3125	0.691	0.721	0.737
		校均互联网接入带宽	0.7875	0.232	0.260	0.290
		高校的网站规模	1.05	0.693	0.693	0.693
		校均在线开放课程数	0.7875	0.060	0.090	0.150
		在线开放课程共享与应用效果	1.3125	0.064	0.096	0.164
2. 高等教育满足需求能力	(7) 满足产业需求	就业人员中接受高等教育的比例	6.125	0.460	0.537	0.540
		25~34岁人口中新的博士毕业生比例	5.25	0.810	0.780	0.790
		每万名就业人员中从事研发活动人员数	6.125	0.490	0.490	0.500
	(8) 人民满意	毕业生满意度	6.125	0.868	0.868	0.868
		毕业生质量的雇主评价	6.125	0.914	0.917	0.841
		高等教育质量的社会评价	5.25	0.577	0.536	0.698
3. 高等教育创新引领能力	(9) 技术创新	师均技术转让收入	5.25	0.550	0.484	0.544
		师均专利授权数	5.25	0.554	0.810	0.933
		高校与企业合作进行研发的密切程度	4.5	0.625	0.625	0.667

续上表

维度	二级指标	三级指标	综合权重	2014 年/分	2015 年/分	2016 年/分
3. 高等教育创新引领能力	(10) 科学研究	*Nature*、*Science*、*Cell* 论文数	3.75	0.248	0.646	0.820
		师均 SCI、SSCI 论文数	4.5	1.000	1.000	1.000
		师均 EI 论文数	3	1.000	1.000	1.000
		高被引论文数	3.75	1.000	1.000	1.000

表 2-23　2014—2016 年度高等教育强国指数得分

维度	二级指标	三级指标	2014 年/分	2015 年/分	2016 年/分
1. 高等教育发展能力	(1) 规模与结构	高等教育毛入学率	0.875	0.933	0.996
		每千人中在校大学生人数	0.763	0.772	0.775
		研究生占在校生比例	0.341	0.344	0.352
		博士生占在校生比例	0.154	0.157	0.162
	(2) 国际化	来华留学生占本国学生比例	0.519	0.534	0.588
		来华国际生占全球国际生比例	1.225	1.225	1.531
		国际合作发表的研究论文比例	1.482	1.524	1.548
	(3) 国际排名	国际大学排名	0.613	0.613	0.875
		国际学科排名	1.033	1.085	1.103
	(4) 经费投入	公共高等教育经费占 GDP 比例	1.196	1.269	1.225
		非公共高等教育经费占 GDP 比例	0.617	0.669	0.683
		高校生均教育经费占人均 GDP 的比例	1.119	1.185	1.139
		高校研发经费占 GDP 的比例	0.912	0.952	0.952

续上表

维度	二级指标	三级指标	2014年/分	2015年/分	2016年/分
1. 高等教育发展能力	(5) 师资队伍	具有博士学位教师比例	0.700	0.742	0.781
		生师比	0.594	0.592	0.615
		外籍教师占专任教师比例	0.413	0.410	0.437
		国际奖项获得者人数	0.210	0.420	0.420
		教师薪酬指数	0.467	0.490	0.537
	(6) 信息化	教育信息化投入比	0.907	0.946	0.967
		校均互联网接入带宽	0.183	0.205	0.228
		高校的网站规模	0.728	0.728	0.728
		校均在线开放课程数	0.047	0.071	0.118
		在线开放课程共享与应用效果	0.084	0.126	0.215
2. 高等教育满足需求能力	(7) 满足产业需求	就业人员中接受高等教育的比例	2.818	3.290	3.308
		25~34岁人口中新的博士毕业生比例	4.253	4.095	4.148
		每万名就业人员中从事研发活动人员数	3.001	3.001	3.063
	(8) 人民满意	毕业生满意度	5.313	5.313	5.313
		毕业生质量的雇主评价	5.600	5.618	5.154
		高等教育质量的社会评价	3.029	2.813	3.663
3. 高等教育创新引领能力	(9) 技术创新	师均技术转让收入	2.886	2.539	2.854
		师均专利授权数	2.909	4.253	4.898
		高校与企业合作进行研发的密切程度	2.813	2.813	3.000

续上表

维度	二级指标	三级指标	2014年/分	2015年/分	2016年/分
3. 高等教育创新引领能力	（10）科学研究	*Nature*、*Science*、*Cell* 论文数	0.930	2.423	3.075
		师均SCI、SSCI论文数	4.500	4.500	4.500
		师均EI论文数	3	3	3
		高被引论文数	3.75	3.750	3.750
总计			60.0	63.4	66.7

通过表2－23中的结果可知，2014—2016年度我国高等教育强国指数得分分别为60.0分、63.4分、66.7分。这意味着，与按100分为满分，即高等教育强国的理想标准相比，近些年来我国高等教育强国建设总体上达到“基本合格”状态（按60分计算），但离高等教育强国还存在相当距离。同时，高等教育强国指数得分处于较快速度的增长之中，并且大多数指标的得分呈上涨趋势。

上述结果表明，我国多年来的高等教育强国建设的成效已经逐渐显现。

（三）高等教育强国建设的成效与问题分析

经过近20年的建设投入和实践探索，我国高等教育强国建设已经取得一定的成效。根据监测结果，在此探究高等教育强国建设的具体态势，并分析其中存在的问题。

1. 高等教育强国建设的成效

（1）我国高等教育竞争力得到大幅提升。

从上文获得的数据结果可以看出，2014年度以来我国高等教育强国指数的得分均在60分之上，并且2015年度和2016年度的分值均比上一年度增加3分以上，大多数指标的得分呈上涨趋势。这说明我国高等教育的竞争力正在不断提高，这与党的坚强正确领导、社会主义制度的优势、长期的社会稳定和国家跨越式发展分不开，与改革开放以来的高等教育政策与投入以及不断推进改革努力是分不开的。经过几代人的努力，我国高等教育事业取得了举世瞩目的成就，尤其是党和国家提出了人才强国、建设创新型国家、建设高等教育强国等一系列战略目标，制定了一系列加快高等教育发展改革举措，极大地推动了我国高等教育发展。从体量上来看，我国已经是高等教育大国，高等教育毛入学率从不足10%快速提高到2020年的54.4%，具有世界上最大规模的在校学生和毕业生。从质量上来看，通过加大高等教育投入，深化教育教学改革，加强人才队伍建设，扩大对外开放力度，实施“211”工程、“985”工程、“2011”计划、“双一流”建设等重大举措，一批大学和学科的实力逐步得到提升，与国际上高等教育强国之间的差距不断缩小，高校的科研水平大大增强，对国家社会经济的贡献度显著提高。这些无疑在本研究所选取的高等教育强国指标中得到了体现。

（2）我国高等教育创新引领能力增强提升了竞争力。

高等教育创新引领能力意味着高校将知识生产和科技创造运用到具体的生产实践中，关涉国家自主创新能力，是建设创新型国家的重要支撑。从图2－2对2014—2016年度高等教育强国指数不同维度得分变化情况的分析可以看出，虽然各维度的得分均处于上升之中，但创新引领能力维度的得分上升最快。这说明，我国高等教育创新引领能力的快速提升对高等教育强国指数的增长做出了突出贡献。更具体地来看，在创新引领能力维度所包含的7个三级指标均占据较高的权重，其中师均SCI/SSCI论文数、师均EI论文数、高被引论文数这三个科学研究成果指标均贡献较大。就*Nature*、*Science*、*Cell*等顶级期刊论文数这一指标而言，其数量的快速提高有效提升了创新引领能力，从2014年的100余篇快速增长到2016年的400余篇，这一数据已经超过法国和日本，接近德国和英国。对于师均技术转让收入、师均专利授权数、高校与企业合作进行研发的密切程度等三个技术创新指标，其总体数值也有2分以上的提高，得分率基本上在0.5以上，尤其是师均专利授权数已有相当水平。以科技成果为主要内容的创新引领能力的快速提高，与20世

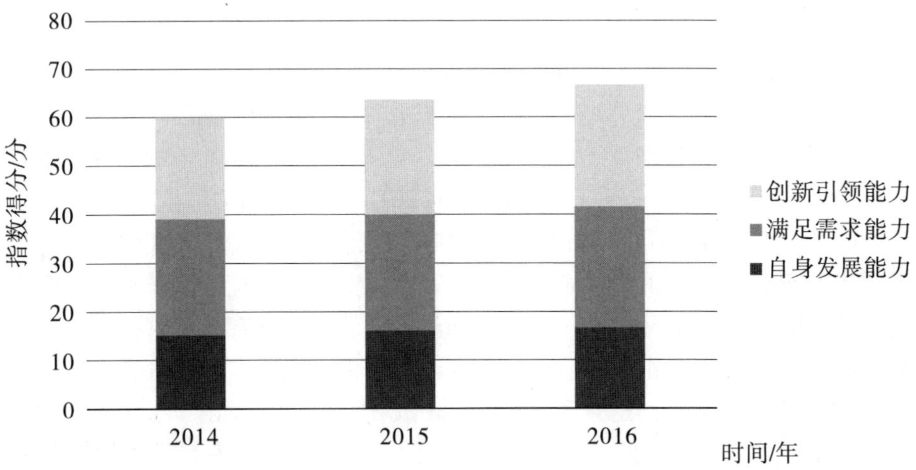

图2－2　2014—2016年度高等教育强国指数不同维度的得分变化

纪90年代以来国家对科技创新的投入和对高校在科技创新中的地位的重视是分不开的，尤以“高等学校创新能力提升计划”为政策典型。创新引领能力的迅速增强无疑提升了高等教育竞争力，更重要的是带动了整个国家竞争力的提高。

（3）经费投入为我国高等教育竞争力提升提供了重要保障和支撑。

资源投入是建设高等教育强国的物质基础，能够反映国家和社会对高等教育资源投入的突出表征就是经费投入。在高等教育自身发展能力维度之下，经费投入二级指标所包含的公共高等教育经费占GDP比例、非公共高等教育经费占GDP比例、高校生均教育经费占人均GDP的比例、高校研发经费占GDP的比例4个三级指标中，除非公共高等教育经费占GDP比例的得分率在0.5左右之外，另外三个指标的得分率均在0.7以上，并且非公共高等教育经费占GDP比例也在提高之中；公共高等教育经费占GDP比例已经接近可喜水平。还可以看出，经费投入指标的得分率明显高于自身发展能力维度下的其他指标。这说明，经费投入在我国高等教育发展和竞争力提升中发挥了重要保障作用。虽然非公共高等教育经费占GDP比例有待进一步提高，但无论是公共高等教育经费还是生均经费、科研经费，均得到了一定程度上的有效供给，这为我国高等教育强国建设提供了有力的支撑，充分体现了党和国家的教育优先发展的战略。

（4）我国高等教育的成长优势逐渐显现。

首先需要说明的是，规模优势依然是我国高等教育的重要成就，并且高等教育的规模优势为建设高等教育强国提供了条件和基础。缘于体量优势以及高等教育规模的稳步发展，在各级学生规模等指标上，我国在未来一段时期仍将保持领先状态。然而，之所以提出建设高等教育强国，就是要从高等教育大国向高质量和具有国际竞争力的方向发展。实际上，本篇的研究在指标选取过程中，较多地采用了具有“相对”属性的指标而不是反映总量的指标，即确保指标尽量能够排除规模效应而真正反映相对位次。在指标体系的36个监测点中，有28个为相对值。这就比较客观地反映了我国高等教育强国建设的成就。我国高等教育在相对较短的时间里，达到了西方国家经过数百年发展所达到的水平，说明了我国的高等教育具有明显的成长优势。这种成长优势既建立在我国发展的后发优势基础上，更有赖于中国共产党的正确领导、国家以及全社会对高等教育事业所付出的投入和努力。实践证明，中国共产党的领导和中国特色社会主义制度是我国建设高等教育强国最根本最强大的领导力、组织力和保障力，也是我国建设高等教育强国所具有的最大竞争力优势。受益于此，我国高等教育得以快速成长，师资队伍质量水平迅速提高，科技创新能力大幅提升，培养出大量高层次人才，为经济社会发展做出了突出贡献。我国高等教育正积累孕育着世界级竞争力的强劲爆发。

2. 高等教育强国建设存在的问题

如前文所述，虽然我国高等教育强国建设已经取得了重要成效，但是从本课题研究所获得的高等教育强国指数得分来看，高等教育强国建设只达到“基本合格”状态，离真正的高等教育强国还存在不小的距离。尽管近些年指数得分以较快的速度提高，并且在一些指标上已经有了较好的表现，但总体来看，我国高等教育国际竞争力还不强，依然处于积累和孕育阶段，存在质量不高等问题。在此阐述一下实际监测发现的几个突出问题。

（1）自身发展能力和满足需求能力发展缓慢。

从监测结果来看，三个一级指标得分极不均衡，存在结构性失衡，如图2－3所示。其中，高等教育自身发展能力较弱，2014—2016年度综合得分率均在0.5以下，且增长幅度有限；满足需求能力维度的综合得分率达到近0.7，但增长不明显；创新引领能力维度的综合得分率从2014年度的0.7提高到2016年度的0.84，增长较快。从二级指标来看，高等教育强国发展能力中，国际化、国际排名、师资队伍、信息化等二级指标得分率均在0.6以下，最低不足0.3，比如国际大学排名综合前100的高校我国只有3所，得分率只有0.2左右；而规模与结构、经费投入等二级指标的得分率则超过了0.6或0.7，比如公共高等教育经费占GDP比例超过0.8%，指标得分率超过0.9。高等教育满足需求能力中，满足产业需求能力较低，部分指标得分

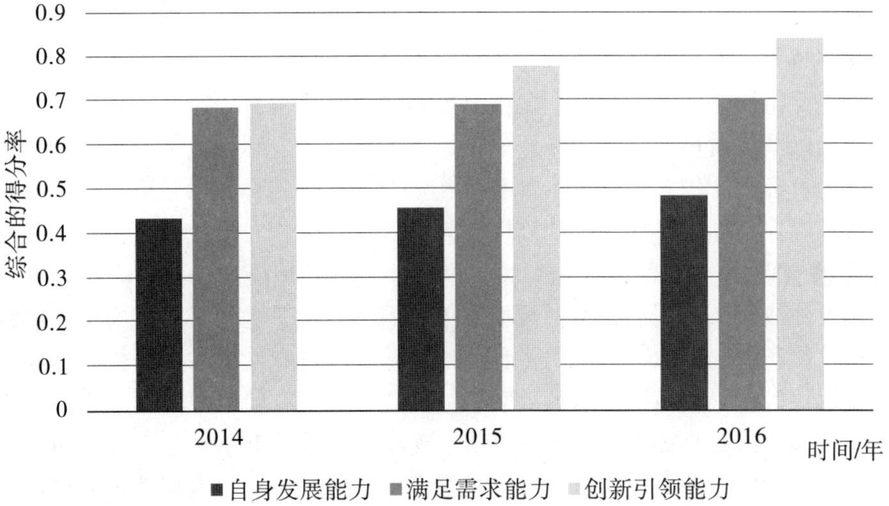

图2－3　2014—2016年度高等教育强国指数不同维度的得分率

率在0.5左右。高等教育创新引领能力中，技术创新能力较低，尤其是技术转让、校企合作科研等指标得分率在0.6左右。以上说明我国高等教育强国建设仍处于重点突进的状态。如果深入到高等教育系统内部，区域间发展不平衡问题更为突出，高水平大学数量区域差异极大，绝大多数西部地区高校竞争力很弱，同时存在高校同质化、学科专业设置结构性问题。这些问题影响了我国高等教育系统的可持续发展和整体竞争力的提升。

（2）高等教育引领产业发展不足。

从监测结果来看，高等教育创新引领能力中，技术创新二级指标中，师均技术转让收入指标的得分率在0.5左右，只有约0.15万元；高校与企业合作进行研发的密切程度在世界仅排在30名上下，并且这两个指标均没有明显增长。满足产业需求二级指标中，就业人员中接受高等教育的比例指标得分率在0.5左右，只有不到19%，而美国、英国、德国、法国、日本2016年分别达到82%、85%、89%、85%、84%；每万名就业人员中从事研发活动人员数指标的得分率约为0.5，只有约50人，并且增长缓慢，而多数发达国家的每万名就业人员中从事研发活动人员数达到我国的2倍以上。这些指标说明高等教育对产业发展的支撑能力有限，科研创新成果转化能力不足，高校科研创新还没有成为真正的产业发展引擎。

（3）高等教育国际化程度不高。

从监测结果来看，学生国际化水平方面，来华留学生规模较小，占本国学生比例略高于1%，指标得分率低于0.3；来华国际生占全球国际生比例指标得分率在0.6左右，仅达到近10%，而美国的这一比例超过20%。师资国际化方面，具有外籍教师占专任教师比例为近1%，指标得分率在0.2左右。另外，国际奖项获得者人数远低于发达国家水平，同样说明国际影响力不足。国际科研合作方面，国际合作发表的研究论文比例约为25%，指标得分率在0.7左右。这些说明我国高等教育国际化程度依然不够高，对外国留学生和人才的吸引力较低，这不利于我国提高高等教育国际影响力。

（4）高等教育经费投入单一。

如前文所述，虽然经费投入为我国高等教育强国建设提供了重要保障和支撑，但是我国高等教育经费投入体系和结构依然存在明显的问题。从监测结果来看，一方面，高等教育经费投入仍然存在不足。即便我国公共高等教育经费占GDP比例已超过0.8%，但高校研发经费占GDP的比例仅不足0.15%，指标得分率在0.7左右，离强国标准存在一定距离。另一方面，高等教育经费投入结构需要调整。非公共高等教育经费占GDP比例只有0.5%，而美国这一比例达到近1.7%，英国、德国、法国、日本、澳大利亚、瑞典等国达到0.8%左右。因此，建设高等教育强国需加大经费总量投入，经费投入结构也有待完善。

（5）高等教育自身发展能力不强。

从监测结果来看，三个一级指标中得分率偏低的是高等教育自身发展能力，其数值在0.5以下，并且增长幅度有限，处于最薄弱状态。在自身发展能力维度下的各二级指标中，国际化、国际排名、师资队伍、信息化的得分率均在0.6以下，最低甚至不足0.3（如表2－24所示）。在高等教育发展能力维度的三级指标中，博士生占在校生比例、来华留学生占本国学生比例、来华国际生占全球国际生比例、国际大学排名、国际学科排名、外籍教师占专任教师比例、国际奖项获得者人数、校均互联网接入带宽、校均在线开放课程数、在线开放课程共享与应用效果等近半数观测指标的得分率在0.5之下，部分指标得分率甚至在0.3以下，离高等教育强国目标有着较大差距。比如，博士生占在校生比例指标得分率不到0.5，观测值只有不到1%，而美国、日本的这一比例分别超过4%和2%；体现高等教育竞争力的国际大学排名前100的高校我国只有3所，而美国占42所；ESI排名前1‰学科数我国是128个，而美国是870个。此外，每千人中在校大学生人数、研究生占在校生比例、具有博士学位教师比例，这些有关高等教育规模与结构的核心指标的得分率也在0.7之下。这些指标反映出我国高等教育自身发展能力较弱，不利于高等教育整体竞争力提高，影响了我国高等教育强国的建设。（见表2－24）

表2－24　我国高等教育自身发展能力维度下各二级指标的得分率

二级指标	2014年	2015年	2016年
规模与结构	0.609	0.630	0.653
国际化	0.461	0.469	0.524
国际排名	0.235	0.243	0.283
经费投入	0.732	0.776	0.762
师资队伍	0.341	0.379	0.399
信息化	0.371	0.395	0.430

第三篇

高等教育强国的实现路径研究

建设高等教育强国是当今中国高等教育的发展目标，也是当今中国的重大战略决策之一。建设高等教育强国是一项宏伟工程，因而如何建设高等教育强国是一个迫切需要解答的重大课题。为了破解这个重大课题，2008 年 6 月中国高等教育学会启动了“遵循科学发展，建设高等教育强国”研究。该课题最终的研究成果认为，建设高等教育强国的基本路径包含六个方面：一是创新中国特色高等教育理念；二是完善中国特色现代大学制度；三是协调高等教育区域发展；四是优化高等教育结构体系；五是提高人才培养质量；六是提升高等学校办学水平。① 这些研究成果或研究结论为高等教育强国建设奠定了坚实的理论基础，同时也指出了建设高等教育强国的基本路径。但是，这并不意味着高等教育强国建设研究已经“了结”，不需要再深入研究了。事实上，如何建设高等教育强国，还有相当多的理论问题需要继续研究，还有大量的实践探索需要跟进。为此，本课题在已有研究的基础上继续深化研究，以期进一步探明高等教育强国实现路径。

探究和寻找高等教育强国实现路径，需要从对高等教育强国的理解和认识开始，因为这是出发点，也是原点。比如说，高等教育强国到底“强”在何处？这种“强”又从何而来？这是一个根本性问题，是理解高等教育强国的起点，也是探寻高等教育强国实现路径的端口。从根本上看，“强”是一

---

① “遵循科学发展建设高等教育强国”课题组，胡建华．“遵循科学发展建设高等教育强国”之研究［J］．中国高教研究，2017（5）：15－24.

种比较优势，指一种通过比较而优于对方的态势。“强”在比较中彰显，没有比较就无法区分优劣，就无法裁定比较优势，而没有比较优势也难裁定强弱。比较优势根本上是一种竞争优势，表现为一方的竞争力强于另一方或高于另一方。从这个意义上说，高等教育强国是“高等教育竞争力强”或“具有明显高等教育竞争优势”的国家。

提升高等教育竞争力是建设高等教育强国的核心。第一篇中已明确提出：“高等教育强国是指以竞争力为核心，具有较高自身发展水平，能够较好满足社会经济发展需要，展现较强创新引领能力，具有世界一流水平和本国特色的高等教育系统。”对于如何建设高等教育强国，国内学者见仁见智。提得最多的是“规模、结构、质量、效益”。我们认为，建设高等教育强国是一项复杂的系统工程，立足于高等教育强国的内涵和构成要素，以“创新、协调、绿色、开放、共享”新发展理念为指导，抓住“竞争力”核心概念，抓住根本性、永恒性和关键性的主题，是本课题研究高等教育强国实现途径的理性选择和根本性选择。对本次课题研究而言，穷尽所有与高等教育强国建设相关问题的研究是没有必要也不现实的。建设高等教育强国必须聚焦于提升高等教育的发展水平、适应水平和创新水平，聚焦于高等教育的结构、质量、公平、国际化和治理现代化等最基本的问题。因为这些解决好了，高等教育强国建设也就水到渠成了。当然，在不同时空背景下，高等教育的结构、质量、公平、国际化和治理现代化等所面临的主要矛盾也有所不同，有时是思想理念层面的，有时是制度政策层面的，有时是实践操作层面的，探寻和选择高等教育强国的实现路径必须立足于现实主要矛盾，不能不切实际地做学理文章或书斋式文章。高等教育的结构、规模、质量、公平、国际化和治理现代化等不是相互割裂的，而是有内在关联的有机整体，彼此相互联系且共同作用于高等教育强国建设，任一方面的缺失或存在短板，皆有可能影响高等教育强国的实现。

本课题主要从党的领导和中国特色社会主义制度、高等教育结构、高等教育质量、高等教育公平、高等教育国际化和高等教育治理现代化这些“永恒问题”的“相互关系”中去探寻高等教育强国的实践路径，着力解决这些方面存在的“不平衡不充分”问题。一方面，要通过提升整体水平和补齐局部短板，形成高等教育“高原”。另一方面，要在高原上铸就高等教育“高峰”。我们认为，中国共产党的领导和中国特色社会主义制度是建设高等教育强国所具有的最大竞争力优势；对于高等教育结构，要聚焦于解决区域高等教育协调发展、高等学校学科专业动态调整机制以及高等学校分类发展等问题；对于高等教育质量，要聚焦于如何建设高水平本科教育、如何建立高水平人才培养体系、如何提升大学的知识原始创新能力、如何提升大学教师内生动力、如何建立中国特色高等教育质量保障体系等问题；对于高等教育公平，要聚焦于如何实现有底线的高等教育公平、有差别的高等教育公平、有尊严的高等教育公平、有选择的高等教育公平、有质量的高等教育公平以及高等教育制度的正义公正公平等问题；对于高等教育国际化，要聚焦于高等教育如何服务于人类命运共同体的构建、如何培养参与国际化竞争的拔尖人才、如何促进世界多元文化的理解、中国高等教育如何走出去等问题；对于高等教育治理现代化，要聚焦于省级政府如何统筹高等教育、高等学校如何建立新型校院关系、高等学校如何建立以大学章程为核心的制度体系以及如何建立政府、大学、社会的新型关系等问题。以上研究思路符合“创新、协调、绿色、开放、共享”新发展理念，是实现提升高等教育竞争力，实现高等教育强国路径的关键环节。

一、中国共产党的领导和中国特色社会主义制度是我国建设高等教育强国最根本最强大的领导力、组织力和保障力，也是我国建设高等教育强国所具有的最大竞争力优势

（一）中国共产党的领导是建设我国高等教育强国的灵魂

《中国共产党章程》明确指出，中国共产党是“中国工人阶级的先锋队，同时是中国人民和中华民族的先锋队，是中国特色社会主义事业的领导核心，代表中国先进生产力的发展要求，代表中国先进文化的前进方向，代表中国最广大人民的根本利益。党的最高理想和最终目标是实现共产主义。”中国共产党是建设我国高等教育强国的领导核心，是建设我国高等教育强国的最大竞争优势，是全面践行高等学校立德树人的根本保障。

1. 中国共产党是建设我国高等教育强国的领导核心

办好中国的事情，关键在党。实现中华民族伟大复兴，归根结底要靠人才、靠教育。习近平总书记在全国教育大会上提出“九个坚持”，其中第一项就是“坚持党对教育事业的全面领导”，从中可以看出党对教育事业全面领导的重要性和必要性。高等教育事业事关国计民生，建设高等教育强国历来是党和国家高度重视的使命与殷切盼望的愿景。自革命时期起，面对民族危亡，中国共产党便富有远见卓识地在硝烟战火之中创办了抗日军政大学、陕北公学、中国女子大学、鲁迅艺术学院等一批高校，为中国革命培养造就了一大批能担重任的“民族脊梁”。作为抗战时期中国共产党创办高等教育

的典型代表，毛主席曾亲笔为陕北公学题词：“要造就一大批人，这些人是革命的先锋队……中国要有一大群这样的先锋分子，中国革命的任务就能够顺利的解决。”中华人民共和国成立以来，正是在党的核心领导下，不断优化高等教育管理体制机制，创新人才培养模式，调整高等教育布局结构，回应人民群众对高等教育的关切，增强人民群众的获得感，取得了一个又一个的辉煌成就，这其中每一步都离不开党的统筹谋划与战略设计。在建设高等教育强国的征程中，必须坚持党的领导。只有在党的领导下，才能实现统筹规划与整体布局。

党的十八大以来，以习近平同志为核心的党中央，高度重视教育事业在坚持和发展中国特色社会主义战略全局中的地位与作用，始终把教育摆在优先发展的战略位置，全面加强党对教育工作的领导，提出了一系列新理念、新思想、新观点，系统回答了新时代我国教育工作的方向性、根本性、全局性、战略性问题，形成了“习近平关于教育的重要论述”，诸如关于坚持党对教育事业全面领导的重要论述、关于坚持以人民为中心发展教育的重要论述、关于坚持社会主义办学方向的重要论述、关于高等教育“四个服务”的重要论述、关于优先发展教育事业的重要论述、关于教育治理体系与治理能力现代化的重要论述、关于“三全育人”的重要论述、关于立德树人的重要论述、关于世界一流大学建设的重要论述、关于教师教育的重要论述、关于教师队伍建设的重要论述、关于劳动教育的重要论述、关于全面发展教育的重要论述、关于构建高水平人才培养体系的重要论述、关于教育评价中“破五唯”的重要论述等。这些重要论述为做好新时代教育工作提供了根本遵循，为建设高等教育强国提供了行动指南。

2. 中国共产党是建设我国高等教育强国的最大竞争力优势

党委领导下的校长负责制是中国特色现代大学制度的核心，是中国特色高等教育治理体系和治理能力现代化的内在要求，也是高等教育强国建设最鲜明的制度优势。党委领导下的校长负责制是由我国的政治体制和基本国情决定的，加强中国共产党的领导是中国特色社会主义制度的本质要求，也是我国高等教育强国的基本特征。党委领导下的校长负责制是辩证统一的有机整体，两者是一个化合物，而不是堆砌在一起的混合物，其前提是“党委领导”，主体是“校长负责”。其中，“党委领导”是一个宏观的重大原则问题（管方向、管意识形态、管干部人才、管改革发展稳定、管党内部治理），“校长负责”是一个具体的行政管理责任问题。形成党政协调的高等教育治理机制是中国特色高等教育制度的核心，也是提升中国高等教育治理能力的关键，还是建设高等教育强国的制度优势和基石。当今，世界正处于百年未有之大变局之中，高等教育同样处于深刻的变革之中，坚持党委领导下的校长负责制，形成党政协调的高等教育管理体制机制，才能永葆高等教育事业的动力与活力，走出一条中国特色的高等教育强国之路。

改革开放40多年来，中国高等教育取得举世瞩目的成就，党委领导下的校长负责制经受了实践的检验，也发挥了极其重要的作用。[①]

第一，这40多年来，诸如人事分配制度改革和后勤社会化改革等，要打破许多传统的体制和机制制约，首先要求人的观念要更新，要探寻符合时代要求，符合高等学校特点的制度设计。改革也是利益的调整，涉及方方面面，涉及高等学校的每一个人，一方面要精心设计，另一方面还要精心实施，要做大量的政治思想工作，这要求高等学校决策科学，实施有力、有效。在这一过程中，党委领导下的校长负责制发挥了重要的体制优势。

第二，这40多年来，特别是从1999年开始扩招，高等教育投入不足，高等学校准备不足，教师、设备、校舍短缺，在这样的情况下，1998—2005年，全国高等教育在校生从643万人增加到2 095.8万人，约是原来的3.26倍，年递增率为18.41%。这在中国的高等教育史上是罕见的。1994年我们国家的高等教育毛入学率是5.7%，2002年达到了15%，其间只用了8年的时间，实现了高等教育的大众化，这在全世界的高等教育史上应该说是一个奇迹。高等学校能够完成这样的历史任务，党委领导下的校长负责制发挥了重要的作用。

第三，这40多年来，高等教育宏观管理体制发生了巨大变化。为了打破高等教育条块分割的局面，按照“共建、调整、合作、合并”的八字方针，中央业务部门管理的高等学校大部分通过共建转由地方管理，其中中央部门所属高等学校转由地方管理或以地方管理为主的共306所（其中普通高校205所）。此外，还有556所高校经合并调整为232所。完成这样大的改革，一方面要依靠政府的大力支持，另一方面高等学校需要做大量艰苦细致的工作。如果没有党委领导下的校长负责制的体制保证，完成这样的任务是难以想象的。

第四，这40多年来，特别是1998年以后的一段时间，中国高等教育扩招，从外部来说，我国正处于社会转型、体制转轨，一些矛盾很容易传到学校；从高等教育内部来说，投入不足，条件短缺，给管理带来困难。在这种情况下，高等学校保持了稳定，这是很不容易的。从世界高等教育史看，20

---

① 张德祥.1949年以来中国大学治理的历史变迁：基于政策变革的思考［J］.中国高教研究，2016（2）：29－36.

世纪六七十年代，是国际高等教育快速发展的年代，也是学潮不断的年代。而我国高等教育在上述条件下实现了扩招，又保持了稳定，这在世界高等教育史上创造了一个奇迹。可以说，如果没有党委领导下的校长负责制的体制优势，想要既实现扩招，又保持稳定是很难做到的。因此，党委领导下的校长负责制，是中国特色现代大学制度的核心，是建设“双一流”和建设高等教育强国的制度优势。中组部和教育部有关文件对如何坚持和完善党委领导下的校长负责制做了详细的规定，要依此坚持和完善好党委领导下的校长负责制，建立健全党委统一领导、党政分工合作、协调运行的工作机制，要在思想上、制度上、措施保障上做很多工作。实际工作中，关键是落实好民主集中制，处理好“领导”与“负责”的关系、“决策”与“执行”的关系、“管人”与“管事”的关系，明晰“重大事项”的界限，等等。大学还需要在议事决策机制、党政协调配合、运行保障等方面有具体细化办法。坚持和完善党委领导下的校长负责制，书记和校长是关键。书记和校长要认识到位，明确职责，领悟好各自的“角色”，按制度办事，扮演好“角色”，胸怀大局，要有思想、有思路、有能力，更要有境界，相互支持、相互尊重。

3. 中国共产党是全面践行高等学校立德树人的根本保障

国无德不兴，人无德不立。才为德之资，德为才之帅。高等教育的根本目的是立德树人，正所谓“千教万教教人求真，千学万学学做真人”。高等教育要促进学生为学与为人齐头并进，成为“明大德、守公德、严私德”与“专业能力创新拔尖”兼备的高层次专门人才。

习近平总书记强调指出，人民对美好生活的向往，就是我们的奋斗目标。教育事业要让人民满意，办人民满意的教育是中国共产党矢志不渝的教育追求，体现了我党全心全意为人民服务的宗旨和追求。关于国家富强、民族复兴，培养什么人、怎样培养人、为谁培养人是高等教育的根本问题，也是建设高等教育强国的重要问题。习近平总书记在2018年全国教育大会上指出，要培养具有“中国心”和“民族情”的人才，改进体育和美育工作，培养德智体美劳全面发展的社会主义建设者和接班人，体现了我党以“立德树人”统领教育事业的思想。

立德树人是高等学校的根本任务，立德树人的成效则是检验学校一切工作的根本标准。在党的领导下，“立德”与“树人”是密不可分的，也是高等学校办学治学始终要追问和思考的深刻教育命题。学校的学科优势、师资优势、科研优势、平台优势等必须转化为人才培养优势，否则，这种优势只是一种摆设或装饰，隐含在其间的求真、求善、求美也只不过是一种形式或口号。[①] 当今中国高等学校正在如火如荼地推进“双一流”建设，不同学校在不同的学科领域取得了一批又一批高水平的研究成果，这种高水平的研究成果唯有转化为高水平的人才培养成果，才能释放和彰显其真正的意义和价值。

新的时代背景下，培养德智体美劳全面发展的社会主义建设者和接班人是立德树人的具体要求。只有坚持以习近平总书记为核心的党中央正确领导，坚持高等教育为人民服务、为中国共产党治国理政服务、为巩固和发展中国特色社会主义制度服务、为改革开放和社会主义现代化建设服务的理念和宗旨，发挥好高校党建和思政工作的政治引领和价值引领作用，健全全员育人、全过程育人、全方位育人的体制机制，真正扎根中国大地办教育，才能落实立德树人根本任务，使高校更加适应新时代国家发展的需要，防范和化解一些潜在的重大风险，维护高校和谐稳定，激发学生治学报国的信念，增强学生综合素质，提升高等教育人才培养质量，培养创新型、复合型、应用型高水平人才，推进高等教育内涵式发展，从而实现高等教育强国的宏伟目标。

（二）中国特色社会主义制度所具有的组织力和保障力是高等教育治理现代化的根基

中国特色社会主义制度具有集中力量办大事的无比优越性，坚持和完善中国特色社会主义制度、推进国家治理体系和治理能力现代化是党的十九届四中全会确定的重大战略任务，建设高等教育强国离不开中国特色社会主义制度的保障。

1. 中国特色社会主义制度具有集中力量办大事的无比优越性

中国特色社会主义制度是一种在经济、政治、文化、社会等方面都具有鲜明中国特色、符合中国国情的社会主义制度，是中国共产党人和中国人民基于中国国情自主探索的结果。中国共产党的领导是中国特色社会主义制度最本质的特征，是中国特色社会主义制度的最大优势。中国特色社会主义制度所拥有的强有力的组织力和保障力，是华民族屹立于世界民族之林的重要基石，也是中华民族从站起来、富起来到强起来，从而实现中国梦的重要根基。中华人民共和国 70 多年的建设与发展实践昭示，中国特色社会主义制度具有集中力量办大事的无比优越性。建设高等教育强国不是无米之炊，也

① 钟秉林，洪成文，李立国，等. 新时代高等教育研究的取向及路径（笔谈）[J]. 教育科学，2019，35（6）：1－13.

不是朝夕之功，需要解决高等教育结构、高等教育质量、高等教育公平、高等教育国际化、高等教育治理现代化等一系列复杂问题，这些问题的圆满解决无一不需要优越的社会制度作支撑。

2. 建设中国的高等教育强国离不开中国特色社会主义制度的保障

建设高等教育强国需要高等教育治理现代化，而高等教育治理现代化离不开优越的社会制度支撑。建设中国的高等教育强国，必须扎根中国大地办高等教育，解决好高等教育遇到的难题、补齐短板、革除弊端。这就需要提供高等教育强国生发的土壤，而高等教育治理现代化需要的社会制度环境可谓是最根本的土壤。中国特色社会主义制度就是建设高等教育强国所需要的最根本的土壤。

中国特色社会主义制度的优越性是毋庸置疑的，经得起历史的检验。为此，党的十九届四中全会将坚持和完善中国特色社会主义制度、推进国家治理体系和治理能力现代化确定为党和国家的重大战略任务，这为高等教育治理现代化指明了方向，为建设高等教育强国提供了行动纲领。高等教育治理现代化关键在于实现高等教育治理体系和高等教育治理能力的现代化。当前，中国高等教育治理现代化面临内外部治理现代化的双重任务。高等教育内部治理现代化的关键在于加强党的领导，建立现代大学制度。高等教育外部治理现代化的关键在于完善法治体系，推进依法治理；转变政府职能，调整治理方式；落实大学法人地位，提升大学依法自主办学能力；培育社会组织，推进社会组织有序、有效参与治理。

二、动态优化高等教育结构，系统加强高等教育治理现代化，提升高等教育系统自身发展能力

（一）动态优化高等教育结构

系统的秘密潜藏于系统的结构，系统的结构与系统的功能相互影响。这是系统科学的基本原理，也是探究系统演化发展必须坚守的“健康法则”。高等教育强国直观地表现为发达的高等教育系统，并以超强的高等教育竞争力或明显的高等教育比较优势为标志，直接映射高等教育无与伦比或独特卓越的强大功能，因而破解高等教育强国的“达·芬奇密码”不能缺少高等教育结构这把“金钥匙”，建设高等教育强国必须取道优化高等教育结构这条“最基础路径”。站在历史的长河中看，每一次世界高等教育中心的转移，无不蕴含着某种意义或方式的高等教育结构的孕育或调整。经验反复启示我

们，高等教育结构的优化水平直接关乎高等教育系统的建设水平或建设程度，优化高等教育结构则是建设高等教育强国的“阿基米德支点”或“最基础路径”。

高等教育结构优化是一项系统性工程，也是一项久久为功的宏伟工程，需要统筹谋划、把握大局和掌控关键，尤其要抓住不同时空背景下高等教育结构优化面临的主要矛盾或不平衡不充分问题。这些矛盾或问题，或许是高等教育宏观结构问题，或许是高等教育微观结构问题，或许是高等教育宏微并存结构问题；或许是高等教育的层次结构问题，或许是高等教育的形式结构问题，或许是高等教育的科类结构问题，或许是高等教育的布局结构问题，或许是这些问题中的某些问题或局部问题的并存、交叉和交混。目前，制约我国高等教育强国建设的高等教育结构“瓶颈”主要有三：一是区域高等教育发展不协调的问题比较突出，即区域之间的高等教育发展不平衡，高等教育资源尤其是优质高等教育资源分布不平衡，集中表现为东部、中部、西部之高等教育的差距大，南北之间高等教育的差距大，大中小城市之间高等教育的差距大，而且这种差距有加剧之势；区域高等教育与区域经济社会发展不相适应或没有实现耦合发展，人才培养的结构性矛盾比较突出；区域高等教育投资的增长与区域经济社会发展的增长不同步，前者滞后于后者仍然是一种常态。二是不同类型或层次高等学校的同质化现象比较严重，迫切需要引导不同类型或层次的高等学校办出个性、办出特色、办出质量、办出水平、办出卓越和办出一流，高等学校的分类指导、分类管理、分类建设、分类发展、分类评估等任重而道远。三是高等学校学科专业动态调整机制缺失或不完善、不灵活，学科专业的动态调整依然主要由政府主导，政府、社会、高校、家长、学生等多主体参与学科专业动态调整的机制尚未很好地建立起来。

1. 优化高等教育布局结构，促进区域协调发展

优化高等教育区域布局结构是高等教育发展的重要任务，但是我们也必须认识到，实现高等教育地区布局结构优化是一项长期、艰巨的任务。从长远看，优化高等教育地区布局结构，需要发挥政府、社会、大学三个方面的作用，形成有效机制。

第一，完善各级政府宏观调控机制。各级政府是我国高等教育资源的主要配置者，政府要对区域高等教育资源配置协调发展负主要责任，发挥主要作用。具体而言，各级政府可以在以下两个方面优化高等教育布局结构。一是中央政府应致力于减小高等教育资源的区域配置差距。中央政府在促进高等教育发展的过程中，既要考虑到质量问题，也要考虑到公平问题。中央政

府应通过政策调控和资源配置手段，持续缩小高等教育资源尤其是优质高等教育资源的区域差距，持续加大对中西部地区高等教育发展的政策支持力度。近年来，国家高度重视对中西部高等教育的支持，《国家中长期教育改革和发展规划纲要（2010—2020年）》中提出了若干支持中西部高等教育发展的措施，如实施中西部高等教育振兴计划，新增招生计划向中西部高等教育资源短缺的地区倾斜，扩大东部高校在中西部地区招生规模，加大东部高校对西部高校对口支援力度，举办内地西藏班、新疆高中班，等等。为保证这些措施的落实，应定期对措施落实的情况进行评估，并研究解决落实过程中存在的问题。同时，中央政府应认识到高等教育资源配置的区域差距依然巨大，可以建立专项资金，鼓励高等教育资源充分的省份在满足本省需求的基础上，多向中西部地区招生；优化教师的区域流动机制，避免中西部地区教师过度外流；对没有国家部属院校的省份，应特别加大支持力度，努力保证每个省份至少有一所部属院校。二是地方政府应合理规划当地高等教育的发展。地方政府要充分发挥统筹地方高等教育的作用，根据地方经济社会发展水平、产业结构布局、人民群众的要求合理配置高等教育资源，既要防止高等教育资源配置的不足，又要防止高等教育资源配置的浪费。同时，地方政府在规划当地高等教育发展时应积极与中央政府保持沟通，积极响应中央政府的发展目标和要求，及时发布或报告地方高等教育的发展态势，确保政策实施的连贯性、延展性和有效性。

第二，健全市场竞争和参与机制。当前，我国高等教育主要通过政府进行资源配置，在改革进程中，应逐步将市场的竞争、监督和评价机制引入高等教育领域，形成市场与政府相结合的资源配置形式，具体建议如下：一是建立多样化的投资机制。在高等教育的拨款方式上，要逐步改变相对集中的计划拨款体制，拓宽高校的融资渠道，尝试以投资、基金、股票等多种形式为其提供资金，激励办学者努力提高办学质量和办学效率，提高资产运作的效率和效益。同时，还应鼓励探索社会主义市场经济条件下高校的多元产权结构以及多种形式的民办高校办学模式。二是促进以市场为主导的区域间良性竞争。对于经济发展水平高、市场活跃的区域，应鼓励其实现优先发展，并积极带动周边地区以及经济发展水平相对落后地区的高等教育发展。对于竞争力较弱的区域，应发动社会力量建立各类高等教育发展基金，鼓励社会力量向中西部地区的高等学校捐赠。三是鼓励社会力量在高等教育区域协调发展过程中发挥作用。20世纪50年代前后，美国相继成立了四个大型的区域高等教育合作组织（南部教育委员会、西部州际高等教育委员会、新英格兰高等教育委员会、中西部高等教育委员会），这些区域高等教育合作组织主要通过实施学生跨州就学计划、培育区域资源共享的合作项目来减少高等教育的州际机会差距，并实现区域内部高等教育资源的共享。当前，我国缺少相应的第三部门来组织协调省域间、地区间高等教育的交流与合作，高等教育资源的整体利用效率难以获得进一步提高。如果在市场机制下能够建立相似的区域高等教育合作组织，就可以为省际互助提供机会，形成地区间优势互补，减少区域间人才、科技、入学机会上的差距。在此要看到市场机制所带有的风险，要有效防止出现将高等教育领域变为资本追逐利润最大化战场的现象，要把握好高等学校立德树人的任务和目标。市场机制运用得好，可以有利于解决第二篇中监测发现的“高等教育经费投入单一”，特别是非公共高等教育经费占 GDP 的比例较低的问题，有助于提高高等教育整体竞争力。

第三，加强高等学校的责任和担当意识。优化高等教育布局结构，促进区域协调发展不只是政府、市场的责任，许多政策都需要落实到高等学校身上实施。为此，高等学校应尽力完成国家交给的各项任务，定期选派高水平教师和干部到中西部高等学校任教和工作，主动积极开展各类短期培训和学位教育以提高中西部地区的在职教师水平，并通过科研合作提高中西部高校的科研水平。同时，高等学校，尤其是重点高校、部属院校应该在不违背教育公平原则，保障高等学校权益的前提下，向中西部地区分配更多的招生名额，逐步提高东部高校对中西部考生的录取率，以减少由于高等教育资源配置差距所产生的高等教育机会不公平现象。不仅如此，高等学校，特别是重点高校还可以通过联合办学或设立分校、研究院的方式支持中西部增加优质高等教育资源，促进中西部高等教育发展，实现我国高等教育布局结构优化，推进高等教育的区域协调发展。

2. 加强高等学校分类建设和分类发展

《国家中长期教育改革和发展规划纲要（2010—2020 年）》第二十二条明确指出，要“建立高等学校分类体系，实行分类管理。发挥政策指导和资源配置的作用，引导高等学校合理定位，克服同质化倾向，形成各自的办学理念和风格，在不同层次、不同领域办出特色，争创一流”。2017 年，中共中央办公厅、国务院办公厅印发的《关于深化教育体制机制改革的意见》也明确要求“不同类型的高等学校要探索适应自身特点的培养模式”，“研究制定高等学校分类设置标准，制定分类管理办法，促进高等学校科学定位、差异化发展”。不难看出，高等学校分类发展已经是国家高等教育发展的战略抉择。

高等学校的分类发展不是自动实现的，需要抓住影响高等学校分类发展的一些关键环节和关键要素。这些关键环节和要素既独立发力，又相互作用。并且，只有这些关键环节和要素形成一种联动互促、协同耦合的机制，才能推动高校特色发展的实现。机制是一种管理或者发展工具，机制自身的协调、激励和约束效用使得机制在任何一个系统中都起着基础性的、根本性的作用。只有用机制加以保障，高等学校的分类发展和特色办学才能实现。在高等学校分类发展和特色发展的过程中，高等学校、政府、社会具有不同的作用，相应地就存在着高等学校的学术机制、政府的行政机制和社会的参与机制。高等学校分类发展，办出特色或个性，需要三种机制联动并用。

（1）建立有利于高等学校分类发展的学校学术机制。

学术机制，即以高等学校为主体的特色发展机制。高等学校始终是分类发展和特色办学的主体，怎样调动和激发高等学校特色办学积极性是学术机制需要关注和解决的问题。高等学校学术机制需要在以下三个方面形成机制保障。

第一，保障高等学校依法自主办学的主体地位。高等学校分类发展要通过高等学校的办学实践去实现，高等学校依法做到合理定位、特色发展的前提是高等学校拥有法律规定的办学自主权，真正成为面向社会依法自主办学的实体。高等学校享有的办学自主权不能很好落实，高等学校的合理定位和特色发展就难以实现。为此，要综合考虑不同类型高等学校在经济社会发展中的地位、功能和作用，尊重高等学校的办学主体地位，积极建立机制保障高等学校办学自主权，以激发高等学校的办学活力，支持高等学校根据分类标准、依循高等教育的规律，依法自主选择办学定位、发展路径、发展目标和办学类型。

第二，强化高等学校特色办学的内生动力。高等教育系统具有多样性和复杂性，高等学校可谓“层中有类，类中有层”。应该明确，高等学校的分类发展是在高校自身个性特色发展的基础上，不同类型、不同层次高等学校的整体发展。分类发展要创造的秩序不仅仅是若干类型高等学校的拔尖发展，而是不同类型高等学校能在不同层次上办出优势、办出水平，形成各美其美、美美与共的高等学校分类发展格局。高等学校分类发展，要通过激发高等学校的内在动力来实现，只有激发了高等学校特色发展的内生动力，真正激发和培育特色办学的紧迫感，挖掘、寻找或培育自身的比较优势，才能形成特色办学的发展力量。高等学校合理定位与特色发展的内生动力，首先来自于高等学校对国家高等教育发展战略和趋势有清晰的认识，对高等学校自身的优势、不足有清晰的认识，对未来的发展目标和实现路径有清晰的认识。高等学校只有清醒地认知自我，才能真正产生合理定位、特色发展的自觉。

第三，增强高等学校特色办学的社会责任。高等学校不是脱离社会而存在的孤岛，每一所高等学校都处于高等教育系统的一定位置上，每一所大学由于它的科类和层次不同，它所承担的人才培养与培训使命、科学研究与开发使命、社会服务使命也就不同。实际上，每一所高等学校都有自身的服务面向、发展领域和文化特色，相应地肩负着不同的社会责任，每一所高等学校都应该有所为、有所不为，把具有优势的方面做好，使特色充分发展，既实现了卓越，也履行了高等学校的社会责任。我们既需要世界一流的研究型大学，也需要办好一大批一流的应用型本科和一流的高等职业院校。因此，唤醒和强化高等学校的社会责任感对于高等学校主动融入社会，实现特色发展具有重要的意义。

（2）建立有利于高等学校分类发展的政府行政机制。

行政机制，即以政府为主体的规划与协调机制。政府是高等学校分类发展的主导者，为此，需要探索如何发挥政府的作用，形成集政府“放管服”为一体的行政机制。

第一，加强政府的统筹规划，完善标准分类。一是加强政府的统筹规划。政府基于国家经济社会发展需要和人民群众对高等教育的需求，制定国家高等教育发展战略，对高等教育分类发展做出宏观规划是我国高等教育实现分类发展的重要基础。我国高等教育实行“中央与省级政府两级管理，以省为主”的管理体制。在这个体制下，省级政府可以根据国家的规划和本省的实际进一步规划本省高等教育分类发展的指导思想、发展目标和发展举措，这对于高等学校分类发展至关重要。二是完善标准分类。我国提出建立高等教育分类体系，实行分类发展已经多年。2017 年《教育部关于“十三五”时期高等学校设置工作的意见》提出了“以人才培养定位为基础，我国高等教育总体上可分为研究型、应用型和职业技能型”三大类型，但是，这一分类还是框架性的，对每一类型高等学校办学目标、条件、质量标准等还比较粗放。因此，政府应尽快完善高等学校分类标准，使得高等学校分类管理有所依据。

第二，优化政府资源配置效能，完善相关政策。高等学校是典型的资源依赖型组织，在我国，政府如何分配资源，将极大地影响高等教育的走向；高等学校会极大关注和争取政府的高等教育资源。因此，政府的资源配置是否科学、合理，就决定了高等学校能否办出特色。从这个意义上来说，高等学校要做到分类发展，必须发挥政府资源配置的导向功能。政府要把高等教育资源按照比例在不同层次、类型的高等教育之间分配，使不同层次、类型的高等学校都能有得到资源的机会，从而激发他们合理定位、特色发展的动力。

第三，转变政府角色，加强政府信息服务职能。获取信息是高等学校做出办学决策的重要依据。高等学校与政府、高等学校与市场、高等学校与高等学校之间常常存在着信息不对称问题。随着信息化时代的到来，高等学校对信息的搜索、获取、使用、管理、交流和发布等越来越频繁和多样化，信息加工和获取能力也成为高等学校实现特色办学的重要途径。但是，由于“有限理性”和“信息不对称”的存在，高等学校往往不能获取全面的、足够的信息，进而影响高等教育决策的质量。譬如，学校人才培养规格滞后于市场需求，大学毕业生的结构性失业等问题。这些问题的出现与高等学校信息收集和处理能力密切有关。对于高等学校分类发展来说，政府不仅要扮演管理者的角色，还要积极转变职能，实现从管理者、控制者向引导者和服务者的角色转变，并通过信息的收集、咨询、整理、分析、发布等为高等学校自身的分类发展保驾护航。

（3）建立有利于高等学校分类发展的社会参与机制。

社会参与机制，是社会第三方力量通过评估、资金、技术、舆论等方式参与和影响高等学校分类发展的机制。高等学校与社会联系越来越紧密，社会参与机制将在高等学校分类发展过程中发挥越来越重要的作用。

第一，发挥第三方评价的积极作用。近年来，越来越多的第三方评估机构开始介入高等学校分类评估的领域。第三方主体包括涉及教育的企业、媒体和部分大学内部机构。积极发挥社会力量，组织第三方评价机构对不同类型高等学校的办学目标、发展规模、战略导向、人才培养定位、师资队伍建设、学科专业建设、社会服务情况等开展分类评估和监测评价，这对于高等学校实现分类发展具有积极的导向意义。但是，由于第三方评估机构没有统一的准入规则，也缺乏监管标准，再加上资金、数据和人才的匮乏，导致其评估结果常常千差万别、公信力不足。为此，政府也需要积极加强对第三方评估机构的监管、引导和支持，使其更好地发挥建设性作用。

第二，营造鼓励高等学校特色办学的社会舆论环境。社会舆论具有渲染、导向、纠偏、聚力的功能，对于实现高等学校分类发展具有重要作用。传统媒体和新媒体等社会舆论平台应坚持正确的舆论导向，建设高等学校特色发展的“舆论场”，营造高等学校多样化发展的社会环境，营造高等学校在各个层次能够办出一流的舆论氛围，破除社会就业单位以毕业生的“血统”来定义学生自身能力的“隐性歧视链”，引导地方性、应用型高等学校走专精特色发展之路。

第三，探索完善市场调节机制，发挥市场的资源配置功能。社会对高等教育需求是多样的，高等学校走特色办学、分类发展的道路与满足市场需求有内在的一致性。因此，不断探索用社会主义市场经济调节机制引导高等学校分类建设，由此促进高等教育资源在不同类型高等学校之间实现差异化配置，引导高等学校更多地关注自身优势和特色，更多关注市场的需求，激发高等学校合理定位、特色办学的活力。

（4）三种机制联动并用助力高等学校分类发展。

在高等学校分类发展过程中，由于高等学校、政府、社会三者力量的性质不同，角色不同，三者发挥作用的形式和手段也各不相同。高等学校分类发展不仅是政府的事情，更是大学和市场的事情。在分类发展过程中，高等学校的学术机制、政府的行政机制和社会参与机制都是必要的，缺乏哪一种机制都不利于实现高等学校分类发展。但是，每一种机制既有它存在和发挥作用的合理性、必要性，也有它的局限性，只靠某一种机制发挥作用不能实现高等学校分类发展，只有三者联动并用、协调发力，才能最大限度地形成建设合力，产生高等学校分类发展的叠加甚至溢出效应。当前，高等学校分类发展和特色办学的方向是明确的，但实现的道路却是艰难的。很大的原因在于，在实现高等学校分类发展和特色办学的过程中，政府、大学和社会在高等学校分类发展中的作用没有真正发挥，三者力量尚未形成一种发展的合力。破解高等学校分类发展的难题，只有而且必须充分调动起高等学校、政府与社会的三方力量，建立有效的机制保障才能实现高等学校分类发展的整体目标。

3．建立和健全高等学校学科专业动态调整机制

（1）构建专业动态调整的新型主体关系。

第一，高校作为自主的专业调整主体。高校学科发展基础和特色不同，所处区域经济社会需求不同，所招生源的成长需求和职业需求也不同，因此，不同区域、不同高校、不同专业在不同的发展阶段专业形态各异，发展需求也就截然不同。面对复杂多样的专业发展特征，强行的自上而下的调整，容易使专业发展趋同，影响专业人才的多样性。高校依法独立自主地探索专业发展与其所处区域经济社会发展相匹配的特色化路径，才能够真正实现专业动态调整，进而实现我国高校专业从规模扩张向结构优化、内涵提升的转变。同时，高校作为自主的专业调整主体，还要逐步稳妥改变《高等学校本科专业目录》对于高校专业自上而下的调节功能。教育部原副部长林蕙青称历次专业目录修订都会遇到四个“老大难”问题：本科专业口径“宽”与“窄”的关系，本科专业目录“稳态”与“动态”的关系，放权与监管

的关系，专业增设与建设的关系。而这些问题恰好是各高校实实在在的专业办学实践问题，仅仅通过《高等学校本科专业目录》宏观调控很难应对广大高校的专业动态调整。

第二，市场作为独立的需求主体。从消费者观点来看，市场包括消费者能够从中购买特定商品的公司；从生产者的观点来看，市场包括那些能够购买特定产品的消费者（如果销售条件足够优惠的话）。此处的市场是指高校“生产者”（人才供给者）视角下的市场，即能够通过特定办学资源获得专门人才的消费者，包括社会分工和社会职业所产生的各类企业、事业、行政单位等用人单位和准大学生群体。要实现高校专业动态调整，不但要让高校成为真正的办学主体，还要将办学资源配置的权力还给市场，让用人单位（包括政府行政部门、企业事业单位）和准大学生（参加高考，满足大学录取条件的高中毕业生）成为就业资源和学生生源真正的配置主体。市场主体根据专业人才培养过程及其人才成果满足需求程度自主选择专业，并动态调整就业资源，从而倒逼高校主动与用人单位、学生进行有效的信息沟通，自觉地、持续地、有方向地调整专业。

第三，学生作为专业自主选择主体。在校大学生构成专业人才培养过程中的需求主体，教师与学生教与学的互动关系构成了专业人才培养的核心环节。在校大学生通过一定时间的大学学习和生活，对于自我兴趣爱好以及未来职业规划的认知有更加客观、理性的认识，这就决定了在校大学生相比准大学生阶段认知能力和水平都有所提升，且对自我成长需求和未来职业规划更加清晰，基本能够明确自己想学什么，擅长学什么，爱好学什么以及希望学什么，并对各个专业的知识结构、教师资源以及教学方法等有了进一步的了解。大学生基于对专业认知的改变，通过申请转专业的方式改变自己的专业归属，进入到自己更倾向的专业学习和生活。大学生转专业是对专业的再次选择，学生对专业的再次选择能够激发各院系进行专业内涵建设的动力，实现对专业课程体系、教学实践、实验活动以及教学方式方法的调整。学生作为独立的需求主体，在合法合理规则基础上，有权利依据其个体发展需求以及未来职业规划自主选择专业。因此，需要从制度上保障在校大学生自主选择专业的权利。高考填报志愿中服从调剂的原则，导致准大学生即使自主填报志愿，但受到录取制度的限制，也很难真正录取到自己所填报的第一志愿专业。另外，大学生经过一段时间的专业学习，其认知能力和水平都有所提升，对于自己成长需求和未来职业规划更加清晰，此时，有些学生可能需要通过转专业来选择自己更擅长、更符合未来职业规划的专业。因此，各高校要制定相关制度赋予大学生转专业的权利，同时，也要为在校大学生做好全面的信息服务，让大学生及时、全面了解各类专业培养过程信息和未来就业情况信息，让大学生转专业真实有效地得以实施。大学生转专业要真正做到“以学生个体需求和职业需求为中心”，尊重学生的主体地位和作用。在校大学生的再次选择专业、转换专业有利于倒逼高校内部专业之间的竞争性调整，优化内在的课程体系，优化教学互动过程，提高学生对高等教育的满意度。

第四，政府作为宏观监控和信息服务主体。其一，在专业动态调整过程中，政府要充分发挥宏观监控职能。因存在信息不对称，市场调节具有滞后性、不完全性等不足。高等教育专业人才培养活动作为准公共产品，在满足市场需求的同时，还要注重公平与效率的协调，保障社会稳定和谐。因此，国家宏观监控应特别关注那些影响经济社会发展长期战略规划、影响未来经济社会发展需求以及影响基础性研究等方面的专业调整。政府要对高层次人才市场给予规范。同时，国家还要通过政策和制度保障高校专业调整中相关利益主体尽可能降低成本。政府应遵循高校与用人单位、学生之间的动态适应原则，使高校与用人单位、学生之间相互引领和适应。在此基础上，根据高校对于经济社会发展和学生需求的适应能力，充分考虑特殊性专业和基础性学科专业的发展空间，动态配置专业办学财政性经费和政策导向，从宏观层面进一步实现既符合市场和学生、高校对专业动态调整的要求，也从国家战略发展层面引导高校进行专业动态调整。其二，政府要发挥好信息服务职能。政府以宏观管理者的角色，将市场与高校之间通过信息的传递与共享，密切地联系为一个整体，是高校专业动态调整的理想状态。政府要构建分层分类的专业动态调整信息共享平台，并通过相应的法律法规规范各主体的权利与责任，保障信息的真实性、有效性、公开性、及时性，以及信息专用性和隐私保护问题等等。

（2）建立持续更新、积累的信息共享平台。

信息共享是降低信息传递成本，简化信息传递路径的选择。建立面向政府、市场、高校内外部学生以及教师的信息共享平台，是实现专业动态调整有效保障。

第一，构建专业调整需求信息模块。高校专业动态调整是一项系统性工作，是一个由政府、用人单位、准大学生等需求主体与高校、二级学院、教师以及高深知识之间相互联系、非线性相互作用的复杂系统。需求信息模块是解决高校与内外部需求主体之间信息沟通的重要渠道。专业调整需求信息模块，包括政府战略需求信息，用人单位（行政、事业、企业）等各类型单位需求信息，准大学生和在校大学生个体需求信息。

第二，构建专业调整决策信息模块。该模块是高校在获得外部需求信息和内在高深知识的储备和积累的基础上，通过分析内外部信息需求和专业自身发展信息，做出专业调整决策的信息模块。这一模块包括专业调整决策的依据、专业调整决策过程以及决策结果三个方面的信息。

第三，构建专业调整评估信息模块。该模块是高校内外部需求主体对于专业调整适应性评估与反馈的信息模块。此模块是高校专业动态调整信息平台建设的最后一环，也是最重要的一环，关系到高校与内外部需求主体之间沟通机制的建立和有效实施。这一模块包括用人单位、准大学生、在校大学生对于专业的适应性评估和激励反馈信息，例如，就业需求调整信息、学生志愿填报信息、学生转专业信息以及政府对于专业办学经费动态配置信息，等等。

第四，构建高校专业建设信息模块。高校内部专业建设信息是学生自主选择专业的重要依据，是用人单位做出就业需求调整的重要参考，也是国家实施宏观监控的重要着眼点。高校专业建设信息包括高校战略定位、专业设置情况、高深知识生产创新成果、教师资源、课程资源、课程结构以及专业的美誉度和影响力等。

（3）完善高校专业动态调整的内部制度体系。

高校作为专业办学主体，不仅要具有自主权，更要用好自主权。高校专业动态调整的内部制度体系构建正是关乎高校如何用好自主权的问题。

第一，构建数据探测与分析机构。高校首先需要建立起经济社会环境需求、学生需求信息探测和分析制度，设置相应的部门，配置特定人员，自下而上、自主自觉地探测和分析市场用人单位需求的人才类型、知识结构、能力素质，对于专业设置类型、专业课程体系以及教学活动的需求；探测和分析准大学生和在校大学生成长阶段和个性化的知识、能力、职业规划对于专业的需求；探测和分析学科知识发展演进的趋势对于专业调整的内在要求；探测和分析国家宏观战略布局和发展对于专业的需求，等等。真正实践高校办学自主，从“赋权”向“用好权”转变。

第二，推进专业调整决策科学化。专业动态调整机制的运行过程中，要推进高校专业调整决策科学化。即高校专业调整决策过程中要依据客观实际情况以及相关部门的大数据分析，以专业内外部需求的发展运行规律进行科学的决策。长期的管理者、专家的个人经验也十分重要。

第三，加强学习和毕业标准监控。以往我们忽视了学生学习成长阶段需要严格的规制和引导，特别是大学专业教育阶段，高深知识可能既深奥又晦涩，大学生可能会存在避难就易的心理，甚至逃避学习，放松对自己的要求，这就需要高校作为专业人才培养第一责任主体，在充分尊重学生自主选择专业权利的同时，也要严格监控学习培养过程和学生毕业标准。人才培养过程中应当设定教师与学生的双向选择制度，通过学生转专业、选课制以及各专业的准入标准，激活大学生和教师群体，使其在相互竞争中不断提升自己。并通过制定严格的毕业标准，倒逼大学生不断改进和提升自己的学习方式、方法和学习目标。改变以往“严进宽出”状态，整治大学中的“清考”现象等，为大学的专业教育质量把好关。

（4）构建专业办学资源动态激励制度。

第一，构建办学经费动态分配制度。国家经费投入要以学生的动态选择为基础，结合特殊类型、战略型专业以及基础性学科专业等综合需求，动态配置专业办学经费和相关倾斜政策。

第二，构建就业需求动态调整制度。用人单位根据历年来本单位录用大学生的综合表现及其变化趋势，预测该高校毕业生的知识结构、能力、素质，并据此制订下一年度对该高校相关专业招聘计划。

第三，完善学生自主选择专业和转专业制度。对于准大学生来说，刚刚结束高中阶段的学习，其对大学专业的认知有限，对自我的兴趣特长认知也相对模糊，对于未来的职业规划更为茫然，因此，高考填报志愿阶段，学生难以较客观、科学地选择自己的专业，即使没有服从调剂制度，学生也难以有效地选择大学专业。为了解决准大学生选专业难的问题，我国大部分高校实施“大类招生，专业分流”培养模式。准大学生只选择专业大类，不选择具体专业。但这一制度本身仍存在问题，例如专业大类如何划分，学生如何再次选择专业等。完善在校大学生再次选择专业和转专业制度，实施过程中要以信息共享和公开为基础，并结合学生专业选择引导制度，帮助学生在客观分析专业内外部信息的基础上，客观合理地选择专业。

（5）实施高校专业适应性评估与反馈制度。

第一，构建高校专业适应性评估反馈制度。一是强调用人单位、学生以及政府主体要慎重合理地把握就业需求、专业选择、财政性经费资源配置，要依据客观的专业适应性评估结果实施动态激励。二是强调专业适应性评估本质上是动态的。评估指标、评估标准、评估主体等都将依据用人单位、学生、政府不断发展变化的专业需求而持续动态改变，不可采用固定僵化的指标和标准进行评估。

第二，构建高校专业自我评估和持续改进制度。高校要特别关注内外部需求主体对专业的适应性评估与反馈信息的反应。在此基础上，建立专业自我认识、自我剖析、寻找问题、暴露问题的自我评估制度，并自主地、持续地、有方向地调整专业设置及课程体系。

（二）系统加强和推动高等教育治理现代化

高等教育治理现代化是建设高等教育强国的基础支撑与前提条件。高等教育治理现代化是一个复杂的问题，涉及多个方面。推进高等教育治理现代化需抓主要矛盾和矛盾的主要方面，着力解决高等教育治理现代化过程中那些不平衡不充分的问题。从我国高等教育改革与发展的实践历程与时代背景来看，高等教育治理应从以下三个层面解决存在的不平衡不充分问题。

1. 构建政府、大学、社会之间新型关系

建设高等教育强国是一项复杂的系统工程，需要政府的宏观谋划、顶层设计；需要社会的多元参与、积极配合；需要大学的主动作为、自觉行动；政府、大学、社会之间需要有机协同、相互衔接、互促共进。因此，建设高等教育强国必须处理好政府、大学、社会之间的权责利关系，即要构建政府、大学、社会之间新型关系。

构建政府、大学、社会之间新型关系，既是推进高等教育治理现代化的“四梁八柱”，也是建设高等教育强国的基础支撑。在我国高等教育发展史上，政府、大学、社会之间的关系是一个历久弥新的话题，也一直是我国高等教育治理体制改革的核心议题之一。1993 年国务院印发了《批转国家教委关于加快改革和积极发展普通高等教育的意见》，在此意见中首次明确提出“高等教育办学体制的改革就是要理顺政府、社会和学校三者之间的关系”。在《国家中长期教育改革和发展规划纲要（2010—2020 年）》中进一步明确提出要“构建政府、学校、社会之间新型关系”。自此以后，构建政府、学校、社会之间新型关系的提法一直沿用至今。实际上，高等教育领域中的“条块分割问题”“高等学校举办者、管理者、办学者之间的关系问题”“管办分离（或管、办、评分离）问题”“简政放权、放管结合、优化服务问题”“管理体制改革的放乱收死问题”，都是政府、大学、社会之间关系问题在不同历史时期的不同呈现方式和话语表达，此项改革至今仍需要不断推进。

在新时代背景下，要更加坚持党的领导，以依法自主办学为核心依据，以“管办评”分离与“放管服”改革为契机，构建起政府、大学、社会之间相互协同、共时交织而并行不悖的“三位一体”新型动态关系。具体来说，需要从以下几个方面着手。一是坚持党的领导必须摆在首位。党政军民学，东西南北中，党是领导一切的。在政府、大学、社会的新型动态关系中，党的领导是一条红线，将三者串起来，实现政府不越位、大学不错位、社会不缺位。二是转变政府职能，建设服务型政府。政府有形之手要明确责任范围，将服务理念贯穿工作全过程。三是大学依法自主办学，要明确大学的责任边界，做到自主不错位。四是完善社会参与机制，多元化社会不缺位，厘清社会的责任范围与活动领域，积极参与大学治理。实际上，构建政府、大学、社会之间新型关系，就是要做到政府不越位、大学不错位、社会不缺位，从而形成在党的领导下政府、大学、社会“各司其职、各负其责、各展其用”的理想格局。

2. 完善省级政府高等教育统筹的体制机制

高等教育强国是一个系统整体，是部属高校与地方高校“整体强”，是各层次、各类型、各区域高质量高等教育的“整体涌现”。因此，建设高等教育强国要调动与释放各层次、各类型、各区域高等教育的积极性与活力。既需要中央政府层面的整体谋划、统一部署，也需要地方政府的积极参与、强力推动，更需要中央政府与地方政府的分工合作、有机协同，即需要深化与完善省级政府高等教育统筹体制机制。深化与完善省级政府高等教育统筹，是推进国家治理体系和治理能力现代化的重要组成部分，是促进高等教育治理现代化的应有之意，是协调全国一盘棋与地方积极性之间关系的重要举措，是解决高等教育发展不平衡不充分问题的基础路径，是建设高等教育强国的关键抓手之一。省级政府高等教育统筹问题在我国高等教育发展史上经历了复杂的演变过程。中华人民共和国成立后到改革开放之前的这段时间，我国实行高度集中的计划经济体制，中央政府与地方政府是一体同构的关系，高等教育实行高度集中的中央管理模式，因此不存在中央与地方的关系问题。改革开放之后，省级政府高等教育统筹问题逐渐凸显。1985 年印发的《中共中央关于教育体制改革的决定》明确指出：“为了调动各级政府办学的积极性，实行中央、省（自治区、直辖市）、中心城市三级办学的体制”。从政策的角度来讲，这是我国省级政府高等教育统筹改革的历史起点与最初谋划。1995 年，原国家教委印发《关于深化高等教育体制改革的若干意见》，首次明确提出省级政府高等教育统筹的概念并做了进一步规划，即建设“中央和省、自治区、直辖市人民政府两级管理、分工负责，以省、自治区、直辖市人民政府统筹为主，条块有机结合的体制框架”。1999 年 1 月 1 日正式施行的《中华人民共和国高等教育法》明确规定：“省、自治区、直辖市人民政府统筹协调本行政区域内的高等教育事业。”以此为标志，省级政府高等教育统筹获得了法律层面的合法性。自此以后，国家又相继发布和出台了多项政策与措施来部署、推进、完善省级政府高等教育统筹，并且于十八届三中全会将其确定为全面深化改革的重要任务之一。省级政府高等教育统筹改革的理想蓝图已经绘就，改革的决心与推进的力度也史无前例地高涨。然而，客观、冷静、理性地来看，省级政府高等教育统筹虽已具有法律意义上的合法性，但各界对其运行规律性的认识依然不够深入、透彻和全面。所以，对省级政府高等教育统筹理念的领会、价值的认识、内涵的理解以及政策的把握等，依然需要加强与深化。

在新时代背景下，深化与完善省级政府高等教育统筹，推进高等教育治理现代化需要从以下几个方面着手。首先，在中央政府领导和指导下，中央政府与省级政府统筹好国家战略与地方需求，高等教育发展与经济社会发展，以及高等教育改革、发展与稳定的关系等重大事宜；其次，需要从顶层设计的角度，统筹考虑、系统谋划相关改革政策与措施之间的关系，破除碎片化与打补丁式的改革，使各项改革政策与措施之间实现衔接与协调，形成一个有机的系统整体；最后，需要系统与深入研究省级政府高等教育统筹基本问题，主要是研究与分析省级政府高等教育统筹的内涵与特征、价值与主体、原因与依据、对象与内容、依托与手段、路径与机制以及评价与测量等问题，从而为完善与改进相关政策、推进与深化实践改革提供学理支撑与政策建议。

3. 建立以大学章程为核心的现代大学制度体系

建设高等教育强国绝非朝夕之功，而是一个长期的、持续不断的过程，需要以大学章程为核心的现代大学制度体系予以规范、保障与支撑。大学章程是大学的“宪法”，是连通国家法律政策与大学内部各项规章制度的桥梁，是落实依法自主办学、依法治校的基本依据，是现代大学制度建设的核心，是大学运行与发展的基本准则，是完善大学内部治理体系的根基。可以说，大学章程是推进高等教育治理现代化不可或缺的制度支撑，是建设高等教育强国的基本保障之一。在我国高等教育改革与发展的很长一段时间里，大学章程并没有受到应有的关注与重视。1999 年 1 月 1 日正式施行的《中华人民共和国高等教育法》明确规定，申请设立高等学校应当向审批机关提交的材料之中就包括学校章程，并明确了章程应规定的基本事项，大学章程的法律地位自此得以确认。《国家中长期教育改革和发展规划纲要（2010—2020 年）》明确提出，“各类高校应依法制定章程，依照章程规定管理学校”。2010 年，国务院办公厅发布《关于开展国家教育体制改革试点的通知》，明确提出“推动建立健全大学章程，完善高等学校内部治理结构”，并确定将北京大学等 26 所部属高校作为试点单位。2011 年 11 月 28 日教育部令第 31 号发布了《高等学校章程制定暂行办法》，对大学章程的地位、内容、制定程序以及核准与监督等问题做了部署与规划。2013 年教育部印发《中央部委所属高等学校章程建设行动计划（2013—2015年）》，进一步推动部署高校章程建设工作，要求2015年底分批全部完成教育部及中央部门所属114所高校的章程制定和核准工作。在教育主管部门强力推动下，制定大学章程迅速成为我国高校的“集体行动”。实际上，建设大学章程本应成为审视与完善现代大学制度的难得契机，也应成为反思与检视依法自主办学、依法治校、依法治教配套规章制度的绝佳时机。然而大学章程建设过程中存在文本质量不高、宣传不到位、执行机制缺位、执行人员素质不高以及实施环境欠佳等问题[①]，并且大学章程与既有制度之间多没有形成理想的耦合关系，存在“脱耦”现象，这使大学章程建设遭到“走向表象上的形式主义”[②]的批评与质疑。

在新时代背景下，建立以大学章程为核心的现代大学制度体系，需要从以下几个方面着手。其一，在大学章程中要进一步明确和强调党的领导，切实体现党领导一切，贯彻好党委领导下的校长负责制，按照党的教育方针培人育才。其二，在法律政策层面需要进一步明确大学章程的法律地位、法律效力、运行机制以及保障措施等，加强大学章程的法律属性、法律效力以及法律保障，促进以大学章程为核心的现代大学制度体系建设，从而推动走向法律规范、走向依规而行、走向更加名副其实。其三，在思想观念层面需要审视与反思大学章程的意义与价值、权威与效力以及理念与文化等问题，树立大学章程权威、宣传大学章程理念、营造大学章程文化。其四，在校内规章制度层面需要规范大学章程并以大学章程为依据来审查与完善校内各项规章制度，解决既有规章制度相对于大学章程而言的缺失、陈旧以及冲突等问题[③]，补充、修订、完善相关规章制度，促使以大学章程为核心的现代大学制度体系建设。

三、全面提升高等教育质量，深度实现高等教育公平，提升高等教育系统满足需要能力和创新引领能力

全面提升高等教育质量和深度实现高等教育公平是建设高等教育强国的内在要求，两者是提升高等教育系统满足需要能力和创新引领能力的要素。

---

① 孙曙光．如何破解我国大学章程的实施困境［J］．中国高校科技，2016（9）：48－51．

② 尹建锋，黄臻伟．章程实施与大学组织文化生成机制［J］．湖北社会科学，2016（4）：179－183．

③ 张德祥．我国大学治理中的若干关系［J］．高等教育研究，2018（7）：1－8．

（一）全面提升高等教育质量

质量是高等教育强国的“质的规定性”内容，建设高等教育强国必须全面提高高等教育质量。但在不同阶段，高等教育强国建设面临的质量问题不同。在新时代背景下，建设高等教育强国迫切需要解决许多问题，特别是突出的关键性问题，在此主要聚焦在全面建设高水平本科教育、大力提升高校的原始创新能力以及完善中国特色高等教育质量保障体系三个方面。

1. 全面建设高水平本科教育

本科教育是培养高水平人才的关键阶段，是提高高等教育质量的重要基础。建设高等教育强国迫切需要高水平本科教育。本科教育的“高水平”体现了一种整体性的高等教育质量观，既指一般意义上“高水平的人才培养质量”，更强调“高水平人才培养体系和人才培养能力”，其中，人才培养能力是根本。全面建设高水平本科教育，必须牢牢把握全面提升人才培养能力这个“重要着力点”。全面提升人才培养能力，需要大力推动人的现代化、知识的现代化和制度的现代化。

人的现代化是全面提升人才培养能力的出发点和落脚点。以教师为主体、以学生为中心是实现人的现代化的基本遵循。以教师为主体和以学生为中心不是矛盾的，更不是冲突的，而是一体两面、相辅相成的。以教师为主体是真正做到以学生为中心的基本前提，以学生为中心是以教师为主体的目的和归宿。以教师为主体是指教师是培养学生的最重要最直接的人，建设高水平本科教育不能脱离教师这个根本。以教师为主体意味着要让教师安心教学、乐于教学、善于教学。以学生为中心意味着将学生置于本科教学共同体的中心地位，做到“以学生的发展为中心、以学生的学习为中心、以学生的学习效果为中心”①。对教师而言，人的现代化就是德才兼备，站在学术最前沿，潜心教书育人，开展高水平科研；对学生而言，人的现代化就是努力将自己塑造成德智体美劳全面发展的社会主义建设者和接班人；对管理者而言，人的现代化就是成为改革的推动者，不断调整优化各种教育生产要素的关系，为提升教育生产力服务。

知识的现代化是全面提升人才培养能力的主要内容和媒介。知识的现代化离不开课程的现代化和教学的现代化。前者关涉知识是什么，属于知识的组织结构问题；后者关涉知识如何育人，属于知识的功能释放问题。大学课

---

① 赵炬明. 论新三中心：概念与历史：美国 SC 本科教学改革研究之一［J］. 高等工程教育研究，2016（3）：35－56.

程“传达的是一所大学对教育本质的诠释”①，大学教学将这种“诠释”传递给学生，教与学两者都是“立德树人”的重要载体。在知识现代化方面，无论课程还是教学，都应以促进和实现人的全面发展为旨归。建设高水平本科教育要围绕如何通过知识来发展学生的人性、德行和理性，对大学课程和大学教学进行系统性改革，同时要确保改革落实到高水平课程和高水平教学上。所谓高水平课程，是符合认知规律、有挑战度且能够体现高水平本科教育目标的课程内容和体系；高水平教学则是在遵循学生身心发展规律的基础上，能够激发学生兴趣，有效提升学生批判性思维能力、解决实际问题能力、诚实守信能力和团结合作能力等素质的教学。

制度的现代化是全面提升人才培养能力的根本保障。有什么样的制度就产生什么样的行为，可以说，人才培养能力本质上是一种制度能力。全面建设高水平本科教育有赖于政策更有赖于制度。因此，“下位政策的调整无法持续改进实践的时候，应该考虑在制度层面进行创新。”② 制度创新就是为了逐步实现制度的现代化。在高等教育系统层面，应建立由政府、高校和用人单位等多方利益相关者组成的合作治理机制和机构。由这个机构根据国家需要、社会需求、市场规则及对毕业生能力的要求，完善相关专业和课程的动态调整机制，为高校自主、自觉进行本科教育教学改革提供必要的制度保障。在高校内部，需要以服务和创新的理念重构本科教育教学管理制度。这种制度不应该是控制和完全问责取向的，而应该是激励与改进、控制与问责等有机结合，形成动力十足的取向。从功能和价值上讲，有效促进学生成长和发展、真正激励和保障教师全身心投入本科教育是判断制度现代化程度的基本原则和基本标准。

2. 大力提升高校的原始创新能力

第一、第二篇都对高等教育强国的创新引领能力给予了大量阐述，其内容非常广泛，可涉及高等教育的所有领域以及高等教育外的领域。为了能更集中讨论，在此聚焦于最具有代表性的高校原始创新能力进行研究。

原始创新能力是高校竞争力的核心体现，是竞争力的主要来源之一。原始创新能力的提高受诸多因素影响，大致可分为制度因素和个体因素。科研人员个人的水平和素质（个体因素）直接决定了高校原始创新能力，这是政府和高校大力培育和引进高层次人才的根本原因。但从社会学的角度来看，

---

① 刘易斯. 失去灵魂的卓越：哈佛是如何忘记教育宗旨的［M］. 2 版. 侯定凯，等译. 上海：华东师范大学出版社，2012：8.

② 苏永建，李枭鹰. 高等教育强国视域下本科教育的价值意蕴与建设路径［J］. 国家教育行政学院学报，2018（10）：36－42.

科研人员能力和素质能否释放和发挥，以及发挥到何种程度均受制度环境影响。要创造“学术研究无禁区、严守诚信、良性竞争”的制度环境，激发和保护科研人员的学术激情、学术热情和学术能力，营造良好的创新氛围。相反，“严苛问责、过度紧张、急功近利”的制度环境，也许短期可收到某种效果，但其会不断消耗科研人员的学术热情和学术激情，导致职业倦怠，破坏学术氛围，伤害科研环境元气甚至会发生极端问题或事件，使创新停留在初级阶段，或达到某一阶段后难以持续，形成“制度性创新危机”“制度性创新陷阱”。

持续改善学术职业的制度环境，是从根本上提升高校原始创新能力的“公开秘密”。学术职业环境分为大环境和小环境。大环境指国家和社会所塑造和认可的整体制度环境，小环境特指高校内部的组织和制度环境。大环境包括政府的高等教育政策、科研管理和评价体制、战略需求等，还包括社会对学术职业的整体认知和期待；小环境包括高校对宏观制度环境接纳方式和程度，也包括高校内部学术职业考评、晋升和奖励等制度。学术职业环境的改善，是政府、社会、高校等所有利益主体合力发挥作用的结果。政府和高校设计、制定相关制度和政策，要充分考虑学术职业和原始创新的特性。

学术职业的对象是一种精神性的知识生产活动，其从业人员（这里指高校教师）的兴趣与自主是从事原始创新的必要条件。强调功利导向的绩效主义与此难以兼容，甚至大多数时候会与之产生根本性冲突，弱化乃至消解高校教师的原始创新意愿、动机和能力。因此，构建或调整制度和政策的重点是在尊重学术职业自主性的基础上，最大可能激活并呵护高校教师从事原始创新的内在动力。从管理制度和人事政策的角度来看，政府和高校应尽快取消“学术锦标赛制”，破除各种荣誉头衔和物质激励为主要手段的人才“隔离带”和“保护区”，营造良好的学术创新氛围。科技部、教育部等五部门联合开展的清理“四唯”（唯论文、唯职称、唯学历、唯奖项）专项行动，正是对科研评价制度功利化的一种矫正。这也是向深度公平的回归。

考虑到前沿性、探索性和累积性是原始创新的根本特征，与之相伴的是长周期性和不确定性，政策和制度设计需要为原始创新中可能存在的风险预留足够空间，即在积极鼓励和推动原始创新的同时，有效宽容可能出现的弯路甚至是失败。随着研究对象的复杂程度越来越高，规模越来越大，探索的不确定性也就越大，出现更多走弯路和失败是完全存在的，也是正常的，这是科学本身性质所决定的。所以，涉及原始创新的相关政策和制度要对此给予认可与包容，这是原始创新的必要成本。政府、高校和相关机构应尊重基于学者个人兴趣的基础和前沿研究，不宜强行设定统一的、刚性的条件和标准，使其不得不从事“短平快”的研究。研究资助机构对学术创新的适当干预是正当和必要的，但对具体过程进行事无巨细的干预和严苛的监控与问责极有可能费力不讨好，造成“南辕北辙”，甚至恶化学术生态。政府、社会、高校和学术界等所有利益主体都应该积极倡导和遵守学术伦理和责任伦理，在保护原始创新优先权的同时，对学术失范和学术腐败行为进行有效制约和惩戒，在全社会形成尊重和保护原始创新的集体共识。原始创新的客观环境在很大程度上决定着原始创新能力的释放水平，以及对人才的吸引力。归根到底，原始创新是通过改革来调整优化生产关系，推动生产力不断提高。这里要处理好两个关系，一是国家社会的需求与学者个人兴趣的关系；二是宽松的学术环境与利用这种环境而形成懒惰、不作为行为的关系。

3. 完善中国特色高等教育质量保障体系

完善中国特色高等教育质量保障体系的重点，在于有效解决体系建设中的不充分和不平衡问题。

外部质量保障是基础。一个重要且迫切的突破口是切实贯彻由多元利益相关者参与的“管办评分离”理念和原则，在质量保障方面加快立法进程，将高等教育质量保障纳入法治轨道，从法律层面明确规定不同利益相关者在质量保障中的地位、角色、权力、利益以及质量保障的一般程序、基本原则等。其中，政府应摆脱质量保障的具体事务性工作，转变为代表公共利益行使宏观调控、行政监督、信息收集与发布等职能的“掌舵者”。在质量保障具体责任方面，法律应明确规定高校在质量保障中的责任主体地位以及相应的权利和义务。在扩大质量保障供给方面，政府和高校应依法采取实质性措施，保证符合条件的第三方评估机构能参与质量保障决策和其他相关工作。在扩大参与范围的同时，要建立风险防控机制，识别、规避和遏制权力寻租①。在进行上述结构性改革时，所有利益相关者还应该于全社会范围内创造并倡导多元化质量哲学，形成一种基于“实践认知旨趣”和“沟通理性”的高等教育质量文化。

内部质量保障体系是重点。在外部质量保障不断改进的同时，要大力提升高校内部的质量保障意识和能力，大力提升高校自身质量保障体系的成熟度。从国际比较得出的经验来看，一种可能和可行的路径是，高校在依法主动公开信息的基础上，基于专业伦理和责任伦理，建立面向全体利益相关者的自愿问责制度，实现从被动问责走向基于质量改进而主动回应问责范式的

① 孙阳春. 教育权力分离体制下“合谋”寻租的可能与分析［J］. 现代大学教育，2017（4）：9－13.

转换。与此同时，高校还应鼓励、激发和保护全体内部利益相关者，主动参与质量保障和质量改进的行为，在高校内部形成致力于学生全面发展的质量文化。这不仅有助于从根本上完善内部质量保障体系，也能够在内外部质量保障体系之间架起桥梁，凝聚共识，共同致力于提高质量。为此，高校应以“促进学生全面发展”的理念来重塑内部质量保障体系，将学生全面发展作为判定内部质量保障体系有效性的根本标准。总的来说，面对新时代背景下高等教育强国建设的基本要求，高校应以立德树人为根本任务，以课程体系改革为支点，以全面促进教师教书育人为动力，以全员育人、全程育人、全方位育人的学习支持系统为支撑，借助智能化信息反馈系统平台，构建致力于质量持续改进的内部质量保障体系。

高等教育质量的提升是一项系统工程。在着力建设一流本科教育、提升原始创新能力和完善中国特色高等教育质量保障体系的同时，我们还需要从如下几个方面入手，深化改革、不断创新、补齐短板，全方位提高高等教育质量。其一，扎根中国大地办大学，充分发挥中国特色现代大学制度优势，加快推进高等教育治理体系和治理能力现代化，办出一批具有示范和引领作用的、具有中国特色的世界一流大学。其二，加大对高等职业教育的投入，进一步提高高等职业教育的办学水平和质量，推动建设中国特色高水平高等职业教育，为国家战略、区域发展、行业需要和产业升级，持续培养数以万计的高素质技能型人才。其三，全面深化博士生培养机制和培养模式改革，强化过程管理和协同创新，进一步完善以提升博士生学术创新能力和解决关键问题能力为重点的、多主体参与的、多元化的质量保障体系，实现博士生教育的“内涵式发展”。

（二）深度实现高等教育公平

高等教育强国是一个“结构优化与功能耦合的有机系统”①，其建设更是一个结构、质量、公平、国际化以及治理等多重机制协同互动的大工程，高等教育公平在其中发挥了独特的功能。改革开放40多年来，我国高等教育发展的基本思路之一就是运用效率杠杆的成果为改善公平环境提供条件。在新时代背景下，我们面对新形势、新挑战，亟须运用公平杠杆来推动效率提升，重新探寻并启动高等教育改革的新动能。在“高等教育强国”的建设征程中，“效率机制”和“公平机制”都要发挥应有的作用，后者更加不可

① 李枭鹰. 系统科学视野中的高等教育强国［J］. 复旦教育论坛，2008（6）：23－27.

或缺。党的十九大报告强调，“努力让每个孩子都能享有公平而有质量的教育”。可以说，“公平正义是中国特色社会主义的内在要求”①，教育公平是党和国家在新时代背景下给予人民的庄严承诺，其在高等教育领域弥足珍贵且意义深远。高等教育公平是高等教育强国的典型标志，从而也是建设高等教育强国的有力工具与重要内容。就此而言，高等教育公平并非一个纯粹的理论议题，而是一道异常艰深且必须予以正面解答的实践议题且带有极强政治性。建设高等教育强国究竟需要什么样的高等教育公平？为此，我们就有底线、有差别、有尊严、有选择和高质量的高等教育公平进行论述。

1. 实现有底线的高等教育公平

有底线的高等教育公平是国家必须介入并予以保障的最起码的公平，一种面向并满足人民群众基本高等教育需求的“普惠性公平”。与此同时，它理应成为高等教育各级各类组织必须毫不动摇坚守的基本价值取向，从而也是高等教育强国建设的基本价值。高等教育公平表现在主观上是通过公平感的比较而做出的一种价值判断。如果公平感得到基本满足，那么主体内心将趋于平衡，否则就将感受到一种剥夺感，由内心秩序失衡所引发的各种问题也就不可避免；表现在客观上就是正常秩序被破坏或秩序混乱，有人不当获利、有人受损。单从主观方面看，尽管公平感主要是一个相对量概念，但它首先具有绝对量的含义，即“公平底线”。譬如，1977 年恢复至今仍在执行的高考制度，虽然仍有需要进一步完善之处，但其从思想理念到实践成效上实现了“公平底线”，促进了社会人群的公正合理流动，有效开发了我国人力资源，为我国社会主义现代化建设提供了强有力人才支撑。显然，高等教育公平底线必须对以正义为前提的制度或规则加以维系，这就要求在建设高等教育强国的过程中，从“制度伦理”“制度正义”的立场建立和完善高等教育领域的政策法规、制度或规则。

2. 实现有差别的高等教育公平

如果说有底线的高等教育公平是一种“基准公平”，那么有差别的高等教育公平则是在底线公平的基础上，一定范围内对公平合理适度可允许的调整。社会中的人存在差异是不争的事实，有的智商高能力强，有的有专长，也有因各种原因处于弱势群体中，青年学生也不例外，同时国家社会还有不同的要求。相应而生的有差别的高等教育公平是对社会现实实事求是的一种平衡，是客观的必要的合理的。国家重点建设高校、学校组建精英学院、教

---

① 瞿振元. 高等教育强国：本质、要素与实现途径［J］. 中国高教研究，2013（3）：1－5.

师破格晋升职称、学生破格录取等，都属于面向精英群体的有差别的高等教育公平；少数民族学生恰当加分政策、农村专项招生计划、贫困大学生资助政策、对中西部地区高等教育政策倾斜等，都属于面向弱势群体的有差别的高等教育公平。我国已经形成了包括国家奖助学金、国家助学贷款、勤工助学金、学费补偿贷款以及学费减免等形式多样的大学生资助政策体系，努力实现“让每一个学生不因家庭经济困难而失学”的目标。在东南亚，有的国家有差别的教育公平十分明显，如小学分流制、直通车上顶级高中、设立总统奖学金等各种政府奖学金等等，既是一种效率机制也是一种有差别的公平。需要注意的是，有差别的高等教育公平固然是一种制度性调节，但它一定要在各方利益群体可以接受的合理范围之内进行，一旦被滥用，必然会引发质疑，甚至会走向公平的对立面，造成更大的不公平。

3. 实现有尊严的高等教育公平

有尊严的高等教育公平是实践基准公平和差别公平过程中必须坚决捍卫的价值取向，即高等教育公平行动需要在科学制度、尊重自尊和可被接纳的情况下进行正当性的审查。但这一点在现实中常常被人们忽视甚至漠视。例如，给贫困大学生发放奖助学金不失为体现高等教育公平的做法，但若通过比穷、比惨来认定贫困资格的操作方式，会伤害学生自尊。其造成的后果就是，要么贫困生标签将学生的自尊压得喘不过气，要么干脆放弃认定资格以保留一丝尊严。显然，上述现象根本不符合高等教育公平的基本精神。我们经常说“扶贫必先扶智”，但“扶贫更要扶志”。应该尽量消除在高等教育发展过程中出现的各种不尊重和歧视，坚决反对各种以道德名义进行的道德伤害。与此同时，也应该警惕各种可能的不当反歧视，以及其所带来的斯文扫地问题。譬如，若高校规定一位教师全年须完成的基本工作量为400，其中，发表在普通期刊上的学术论文每篇折算工作量为80，核心期刊乃至权威期刊的每篇论文折算工作量统统为100。这种规定看似既遵守基准公平，又兼顾差别公平，但很容易误导教师去追求数量，不利于出精品。因此，有尊严的高等教育公平要求必须正视并尽量矫正各种歧视和不当反歧视的问题。这是建设高等教育强国中最直击人心的板块，能否解决与解决成效如何直接影响高等学校立德树人。

4. 实现有选择的高等教育公平

有选择的高等教育公平代表了高等教育大众化与普及化时代的强烈呼声。2018年7月，教育部发布了《2017年全国教育事业发展统计公报》，数据显示我国高等教育毛入学率已达到45.7%，即将迈入高等教育普及化阶段。可以说，高等教育普及化时代快速到来对我国高等教育提出了新挑战，对高等教育公平提出了前所未有的新要求，从而对我国建设高等教育强国之路也提出了必须正面解答的新课题。从学理上讲，高等教育普及化的深层意义是多元化、差异化乃至个性化。有选择的高等教育公平恰恰要求我们在高等教育活动中设计相对合理而多样的方案，在尊重差异的基础上，赋予主体充分、自由选择的权利。进一步说，应该给不同高校、不同教师以及不同学生提供不同的发展选项，毕竟只有唯一选项的公平不是真正意义上的公平。譬如，在学科评估中为不同类型高校设计不同的“赛道和赛制”，高校有权选择并探索适合自己发展的道路；在考核评价上为不同教师提供多元发展机遇，设计相关替代方案，教师根据自己的优势自主选择专业发展道路；为不同学生提供多样的课程模块，打造立体发展空间，让学生在自主探索中享受自主发展、自我成长的乐趣。有选择的高等教育公平在建设高等教育强国之路上体现为一种“有容乃大、有容乃强”、从自然王国走向自由王国的至高境界。

5. 实现高质量的高等教育公平

高质量的高等教育公平表达了高等教育强国建设的一种伦理诉求，是对正义价值的不断追求。在高校内部管理实践中，要克服“低质量”“形式上的公平”，若出现对重大问题处理采取不负责任的形式处理，或形式上的投票民主实质上的不作为不负责任，或不根据实际情况追求绝对平均主义等等，将极易产生形式主义、逆淘汰，是对高等教育公平的伤害。在不负责任前提下，采用抓阄、绝对均分、形式上的投票等方式解决利益冲突的做法，其背后映射出的很可能是“低质量”的甚至是虚假的公平。这些做法并没有从制度层面做出应有的努力，而是对高等教育公平有害的做法。恰如罗尔斯所强调的那样，“正义是社会制度的首要价值……某些法律和制度，不管它们如何有效率和有条理，只要它们不正义，就必须加以改进和废除。”① 中国共产党人的初心使命就是正义的事业，习近平总书记强调指出“不论处在什么发展水平上，制度都是社会公平正义的重要保证”。因此，建设高等教育强国必须要有高质量的高等教育公平。我们理应从制度正义的角度反思高等教育公平，以制度创新的方式实现建设高等教育强国所需要的高质量的高等教育公平。

整体来说，建设高等教育强国在公平方面具有五种层层推进、环环相扣的价值取向与行动选择。其中，有底线的高等教育公平解决“基准公平”问

---

① 罗尔斯. 正义论［M］. 何怀宏，等译. 北京：中国社会科学出版社，1988：1－5.

题，它是建设高等教育强国的必经之路；有差别的高等教育公平强调在“基准公平”上的“合理适度可允许调整”，它是建设高等教育强国的效率选择；有尊严的高等教育公平强调“合理适度可允许调整”过程中操作方式的正当性与尊重性，它是建设高等教育强国的人性追问；有选择的高等教育公平推崇“多元个性”，它是高等教育强国建设的内在高层次反映；高质量的高等教育公平是对“制度正义”的拷问，它是建设高等教育强国的伦理诉求和灵魂追求。以此为要，“以制度保障为基本”“以制度倾斜为辅助”“以制度伦理为追求”“以制度弹性为补充”和“以制度创新为突破”的高等教育公平理想图景，推进建设高等教育强国伟大实践。

还需要特别指出的是，近些年来我国高等教育在持续改善城乡公平、区域公平、性别公平以及阶层公平等方面出台了系列法规政策并给予相关的配套支持，在增进高等教育公平方面迈出了坚实步伐，为建设高等教育强国奠定了坚实基础。在此基础上仍要关注以下三方面：一是要进一步解决高等教育南北差距问题；二是要进一步解决校际差距与学科间差距问题；三是要进一步审视高等教育的各项规则。

四、统筹推进高等教育国际化，助力中国高等教育走出去，提升中国高等教育系统国际影响力

建设高等教育强国视域下的高等教育国际化，是一种高规格、高标准、高品位、高质量、高水平、高境界的高等教育国际化，需要系统性地解决宏观、中观和微观三个层面的关键性问题，政府、高校和社会需要承担相应的责任和义务。当然，高等教育国际化的实施主体主要是高等学校，因而高等学校的国际化战略要服务于学校的发展定位，更要服务于国家的高等教育强国建设。高等教育国际化是一项系统性工程，国别和区域综合研究是高等教育国际化的开路先锋，“语言服务、文化认同、政策沟通”是高等教育国际化的重要基石①。国际化涉及教师、学生、课程、科研、教育项目等，这些都是高等教育国际化的主要内容；双边合作、区域性合作、多边合作是高等教育国际化的基本形式；高等教育分类分层对接是高等教育国际化的主要路径。一般而言，抓好了这些工作，同时加强各种国际化项目的综合治理，全面提升高等教育国际化的规格、标准、品位、质量、水平和境界是可以预

① 李枭鹰．中国高等教育走出去的三大基石：语言服务、文化认同和政策沟通[J]．黑龙江高教研究，2019，37（8）：49－53.

见的。

推进高等教育国际化和中国高等教育走出去，就是要以“天下一家”的理念，与世界各国交朋友，推进民心相通，进行文化交流、文明互鉴，为构建人类命运共同体服务，共同建设一个更加美好的世界。

（一）增强语言服务能力，助力高等教育国际化和中国高等教育走出去

教育要走出去，语言须先行。从基本功能上看，语言是沟通交流的工具。从世界范围看，语言沟通能力直接决定一个国家或民族的跨文化或多文化沟通能力，可谓是全球化背景下一个国家或民族不可或缺的战略性资源。据此可言，强国需要走出去，需要与其他国家顺利有效沟通交流，必须掌握多种语言。高等教育国际化是一项跨区域、跨国界、跨种族、跨语言和跨文化的复杂工程，离不开精通外语、具有全球视野、懂得国际规则、充满国际情怀、谙熟世界多元文化的复合型人才，而精通一门或数门外语是基本需要。同时，推动中文走向世界更是建设高等教育强国的重要内容。

高等教育国际化需要语言开道和铺路，离开了对目标国家或地区之语言的熟练掌握，彼此之间要深度沟通和交流便是奢谈，当然更期待对方能用中文交流。人文交流是高等教育国际化的软联通，而语言又是人文交流的基础和桥梁。目前，高等教育国际化正遭遇复合型外语人才匮乏的问题，非通用语种复合型人才尤其缺乏。面对这种局面，如何培养复合型外语人才？美国是当今世界语言服务能力和跨文化沟通能力较强的国家，有一些可参考的做法。一是美国没有专门的外国语大学，大学内部也罕见设置专门的外国语学院或外国语系；二是美国大学一般设置区域“研究系”或“系”，每个“研究系”或“系”则开设多种外语课程，将外语教学服务于区域研究。这是美国的大学基于他们的实际情况形成的做法。

应当说我国是根据自己国情进行外语教育和人才培养的，取得了很大成绩，有了很大发展，积淀了丰富的经验和成果。在此基础上，再吸取国外的有益做法，可以创出更符合建设我国高等教育强国需要的语言教育服务体系，助力高等教育国际化和中国高等教育走出去。随着我国经济快速发展和深度融入世界经济体系中，全球范围的中文热在升温，中文在我国与其他各国交流合作中发挥越来越重要的作用。我国高等教育要在积极培养复合型外语人才和大力推动国际中文教育的基础上走向世界，与各国建立友好关系，为我国和当地国家提供服务，为我国和平外交和构建人类命运共同体服务。

（二）促进多元文化相互理解及最大程度认同，助力高等教育国际化和中国高等教育走出去

当今世界是一个多极的世界，也是一个多文化的世界。在这个世界里，各国人民之间各自最具特色的是文化，多元文化构建了世界的多样性。

1. 尊重世界文化多元性

文化是国家或民族的象征，每一个国家或民族都有自身的文化。文化是自我传承生生不息的精神血脉和精神家园。无论是站在历史的长河中看，还是从当今及未来世界看，我们都不难发现文化是多元的多样性的，其具有的力量和魅力是巨大的。

多样性是世界文化的基本特征和实然样态，也是未来世界文化的应然生态格局。面对世界文化的多样性，我们需要恪守“各美其美，美人之美，美美与共，天下大同”的文化生态观。这也是2001年《世界文化多样性宣言》的基本精神。该宣言旗帜鲜明地指出，“文化多样性是交流、革新和创新的源泉，对人类来讲就像生物多样性对维持生物平衡那样必不可少。从这个意义上讲，文化多样性是人类的共同遗产，应当从当代人和子孙后代的利益考虑予以承认和肯定。”历史告诫和警示我们，世界上不同的文化和文明需要相互并存，人类的不同文化或文明要互学互鉴。多样性是文化生命力健康旺盛的表现和条件，是人类文化生态系统稳定性的来源或基石。2014年3月27日，习近平主席在联合国教科文组织总部发表重要演讲时提出：“文明因交流而多彩，文明因互鉴而丰富。”

不同文化文明的互动是一种普遍的文化现象，也是一种符合辩证法的文化现象。面对多元文化差异的现实，每一个国家或民族要充分认识到“文化走出去需要耐心和诚意”，需要切实贯彻落实联合国教科文组织发布的《世界文化多样性宣言》的精神，促进世界多元文化的发展、壮大和繁荣。国家或民族之间的文化交汇或对话不应是单方面的或单向度的、征服性的或压倒性的，理当是一种平等对话或相互包容和认同。一切大国沙文主义、文化帝国主义和文明优越论，都会给我们的世界带来负面冲击，造成我们不愿看到的伤害。这些言行与民心相通格格不入，不符合人类历史发展方向，与构建人类命运共同体背道而驰。面对世界多元文化，尊重文化多样性、恪守理解和认同、找到不同文化的最大公约数是文化交流的王道和通途。

尊重世界文化多元性多样化是建设高等教育强国的重要内涵，要在高等教育领域里继续开展尊重世界文化多元性多样化教育，培养学生、教师和管理者了解世界文化的多元性多样性，为继续更好地联系世界理解世界，为建

设持久和平、普遍安全、共同繁荣、开放包容、清洁美丽的世界奠定清晰认识和思想基础。

2. 增强中国文化软实力

人民日报评论员曾这样写道："1956 年，毛泽东同志提出：'中国应当对于人类有较大的贡献。'1985 年，邓小平同志讲道：'到下世纪中叶……社会主义中国的分量和作用就不同了，我们就可以对人类有较大的贡献。'2017 年习近平总书记宣告：到本世纪中叶，'把我国建成富强民主文明和谐美丽的社会主义现代化强国'。为人类作出新的更大的贡献，中国有信心，更有力量。"从此，不难看出，中国的贡献自然包含着文化与教育的贡献。

加强中国文化身份识别，树立中国文化形象，增强中国文化软实力，是当今中国应有的文化行动。事实上，国家早已意识到增强国家文化软实力和中华文化国际影响力的重要性、艰巨性和紧迫性。2011 年 10 月《中共中央关于深化文化体制改革 推动社会主义文化大发展大繁荣若干重大问题的决定》指出："当今世界正处在大发展大变革大调整时期，世界多极化、经济全球化深入发展，科学技术日新月异，各种思想文化交流交融交锋更加频繁，文化在综合国力竞争中的地位和作用更加凸显，维护国家文化安全任务更加艰巨，增强国家文化软实力、中华文化国际影响力要求更加紧迫。"当然，中国着力增强文化软实力，不只是为了树立中国文化形象、扩大中国文化国际影响力，主要是为了让中国文化走出去，在世界范围内与各国进行交流，甚至可以给世界贡献"经济红利"。增强文化软实力是通过平等对话或沟通增强各自的文化自信，促进不同文化之间的理解和最大程度认同，服务于构建人类命运共同体。

中国文化、中华文明源远流长且底蕴深厚，这为我们增强文化软实力、打造文化高地和扩大文化国际影响力打下了牢固的地基。只要我们秉持中国文化自信、找准中国文化位置、发扬中国文化优势，就不难树立中国文化的国际形象，增大中国文化的辐射半径。经济腾飞、国家繁荣、民族团结、文化昌盛、教育发达（包括高等教育）等都是文化自信的源泉和根基。经济发展对文化自信的影响是昭然的、可见的和可感的。数百年来，西方一些发达国家之所以对自身的文化深信不疑，很大程度上源自其发达的经济和发达的教育。文化软实力内在地根植于文化自觉，提高文化的自信与自觉可以更好与其他文化交流互鉴。近几十年来，随着世界格局的急剧变化，许多国家经济在崛起，教育也在不断发展，这些国家对自己的文化更加自信。经济、教育等都是文化的组成部分。随着中国经济快速发展，全世界掀起的学习中文热潮，有利于中国高等教育国际化和中国高等教育走出去。高等教育走出去又可以进一步带动中文学习，加强民心沟通，加强中国文化、中华文明与其他文化交流，同时也可以为海外中国企业提供教育服务。

（三）加强教育政策沟通，建设高等教育共同体，助力高等教育国际化和中国高等教育走出去

教育政策法规是了解一个国家教育发展状况和治理水平的重要窗口，是各国之间教育合作交流的基本依据。鉴于此，2017 年开始教育部呼吁“一带一路”沿线国家“加强教育政策沟通”，即“开展‘一带一路’教育法律、政策协同研究，构建沿线各国教育政策信息交流通报机制，为沿线各国政府推进教育政策互通提供决策建议，为沿线各国学校和社会力量开展教育合作交流提供政策咨询。积极签署双边、多边和次区域教育合作框架协议，制定沿线各国教育合作交流国际公约，逐步疏通教育合作交流政策性瓶颈，实现学分互认、学位互授联授，协力推进教育共同体建设”。教育政策沟通是交流的重要基础，也是高等教育国际化、中国高等教育走出去的基础。

文化通四方，教育行天下。一方面，高等教育是文化交流的媒介或传送带，国际化的高等教育可以将文化展现给全人类，这是民心相通的基石。另一方面，文化是高等教育的主要内容，国际化的高等教育可以促进世界多元文化的接触、了解、理解和最大程度认同，让各国人民有机会接触和分享更多优秀的他国文化。在构建人类命运共同体语境下，无论是建设高等教育强国，还是统筹建设世界一流大学和一流学科，以及中国教育走出去，皆蕴含着高等教育国际化的使命和抉择，皆有责任和义务增进与各国人民之间的相互认识与深层了解，以及促进文化交流互鉴，形成政治、经济、文化等系统性支撑，助力构建人类命运共同体。

建设高等教育共同体是建设高等教育强国的重要组成部分。对此，教育部颁发的《推进共建“一带一路”教育行动》给出了高屋建瓴的指导性意见：沿线各国携起手来，增进理解、扩大开放、加强合作、互学互鉴，谋求共同利益、直面共同命运、勇担共同责任，聚力构建“一带一路”教育共同体，形成平等、包容、互惠、活跃的教育合作态势，促进区域教育发展，全面支撑共建“一带一路”。“一带一路”教育共同体致力于推进民心相通、提供人才支撑和实现共同发展。毫无疑问，高等教育共同体的建设是构建人类命运共同体的有机组成部分，建设高等教育强国要抓住高等教育共同体的建设，这是建设高等教育强国的内在要求。

建设高等教育共同体可从两个方面探索，在国内，高等学校可以吸收更多留学生和外籍教师，开展更多高质量中外合作办学等等。在第二篇的研究

中，发现来华留学生规模仅是美国的赴美留学生规模的一半，外籍教师就更少，说明建设高等教育强国在这方面需要不断加强工作，不断开创新局面，增强国际影响力。中外合作办学是建设高等教育共同体很好的形式，今后工作重点应放在提质增效上，不断总结经验，不断提高水平，不断强化与世界各国的联系，发挥出共同体的作用。在境外，我们的高等学校可以开展多层次多领域的深度合作，有条件的高校可以与相关国家合作开设分校。在境外开展合作方面，许多高校已经有了很好的探索，如北京大学、清华大学、厦门大学、北京中医药大学、北京外国语大学、温州大学、大连海事大学、云南财经大学、金华职业技术学院等等，这些都是建设高等教育共同体的有益实践。要很好总结在境外办学的经验，不断探索更符合具体国家实际情况的有效办法，破除国内在教师出国任教、办学资金国内外流动、招生学籍学位认定以及税收海关等方面的机制障碍，为中国高等教育走出去提供良好的政策环境。在境外开展高等教育深度合作是建设高等教育共同体的更高形式，具有更深远的意义，这方面我们与发达国家相差较大距离。为此，在教育部的指导下，2019 年中国高等教育学会推出了我国教育对外工作历史上的第一个《高等学校境外办学指南（试行，2019 年版）》，为我国高等学校走出去提供了一个基本参考，对推动建设高等教育共同体十分有利。

附件

“高等教育强国建设监测指标权重”调查问卷

2019 年 1 月 24 日

一、单位基本情况

单位名称：______________________________

职务：______________ 邮箱：________________

二、监测指标权重调查

请您对表 1、表 2、表 3 中各指标的重要性程度进行判断并打分，分值为 1 ~5 分，分值越大，表示越重要。

表 1 一级指标重要性评价 单位：分

一级指标	很不重要	不太重要	一般	比较重要	很重要
	1	2	3	4	5
1. 高等教育发展能力					
2. 高等教育满足需求能力					
3. 高等教育创新引领能力					

表 2 二级指标重要性评价 单位：分

一级指标	二级指标	很不重要	不太重要	一般	比较重要	很重要
		1	2	3	4	5
1. 高等教育发展能力	（1）规模与结构					
	（2）国际化					
	（3）国际排名					
	（4）经费投入					
	（5）师资队伍					
	（6）信息化					
2. 高等教育满足需求能力	（7）满足产业需求					
	（8）人民满意					
3. 高等教育创新引领能力	（9）技术创新					
	（10）科学研究					

表3　三级指标重要性评价　　　　单位：分

一级指标	二级指标	三级指标	很不重要	不太重要	一般	比较重要	很重要
			1	2	3	4	5
1. 高等教育发展能力	（1）规模与结构	高等教育毛入学率					
		每千人中在校大学生人数					
		研究生占在校生比例					
		博士生占在校生比例					
	（2）国际化	来华留学生占本国学生比例					
		来华国际生占全球国际生比例					
		国际合作发表的研究论文比例					
	（3）国际排名	国际大学排名					
		国际学科排名					
	（4）经费投入	公共高等教育经费占GDP比例					
		非公共高等教育经费占GDP比例					
		高校生均教育经费占人均GDP的比例					
		高校研发经费占GDP的比例					

续上表

一级指标	二级指标	三级指标	很不重要	不太重要	一般	比较重要	很重要
			1	2	3	4	5
1. 高等教育发展能力	（5）师资队伍	具有博士学位教师比例					
		生师比					
		外籍教师占专任教师比例					
		国际奖项获得者人数					
		教师薪酬指数					
	（6）信息化	教育信息化投入比					
		校均互联网接入带宽					
		高校的网站规模					
		校均在线开放课程数					
		在线开放课程共享与应用效果					
2. 高等教育满足需求能力	（7）满足产业需求	就业人员中接受高等教育的比例					
		25～34岁人口中新的博士毕业生比例					
		每万名就业人员中从事研发活动人员数					
	（8）人民满意	毕业生满意度					
		毕业生质量的雇主评价					
		高等教育质量的社会评价					
3. 高等教育创新引领能力	（9）技术创新	师均技术转让收入					
		师均专利授权数					
		高校与企业合作进行研发的密切程度					

续上表

一级指标	二级指标	三级指标	很不重要	不太重要	一般	比较重要	很重要
			1	2	3	4	5
3. 高等教育创新引领能力	(10)科学研究	*Nature*、*Science*、*Cell* 论文数					
		师均 SCI、SSCI 论文数					
		师均 EI 论文数					
		高被引论文数					

三、开放式问卷

(1)除上述指标外，您认为还有哪些一级、二级、三级的指标需要调整和补充?

____

(2)您认为实现高等教育强国的路径有哪些?

____

(3)您认为高等教育强国的标准应该是什么样的?

____

(4)其他意见建议。

____